AptyCare 福祉文化シリーズ②

# 高齢者のための生活場面別レクリエーション

芸術教育研究所監修　高橋紀子編著

黎明書房

# *はじめに*

　「レクリエーション」とは何かと皆さんに尋ねると，「集団で行うもの」「みんなで盛り上がるもの」などのイメージで，答えが返ってきます。そして，「レクリエーション」を理論的に学ぶ機会がないまま，「レクリエーション指導」「レクリエーション支援」を現場で行っている方々に，「福祉レクリエーション」とは何かと問いかけると，「（福祉レクリエーションという言葉を）初めて聞きました」とおっしゃる方がいます。

　また，子どもの頃から現在に至るまでに学校や地域，職場などでレクリエーションを経験した際の，レクリエーション観やその違いのすり合わせをしないまま現場でレクリエーション活動を行い，苦労されている方に多く出会います。

　「レクリエーション担当の日は，朝からテンションを上げなくてはいけないから辛い，大変」「新しいプログラム（ゲーム）探しに疲れている」などの話をよく聞きます。さらに利用者やその家族から，「プログラムが幼稚っぽい，子どもっぽい」などと言われると，ますます心が重くなります。

　ここで，通所施設・入居施設・入所施設・在宅サービスにおける「福祉レクリエーション」の意義とその支援方法の視点について，もう一度見つめ直し，考えてみる必要があるでしょう。

　本書は，福祉レクリエーションにおける「生活のレクリエーション化」と「レクリエーションの生活化」の考え方を具体化した，「生活場面別レクリエーション」を紹介します。従来の考え方のレクリエーションとは違う，生活場面別レクリエーションの大切さや必要性について考えていくきっかけになればと思います。

　介護を必要としたり，介護予防の対象となったりしている高齢者には，人との関わりや外からの刺激の減少，自ら何かをしようという前向きな意欲，意志などの低下が見られます。福祉レクリエーションワーカーに限らず関わるすべてのスタッフは，高齢者の方々に，日々の生活の中で生活場面別レクリエーション活動を体験し，心地よい「快」の刺激を得て，「生きるエネルギー」を手にしていただけるように，以下の経験をしていただきましょう。

○筋力アップにつながる運動の経験
○声を出す経験
○人と関わること・コミュニケーションの経験
○情緒・情動（喜怒哀楽）を表に出す経験
○意欲・意志を持ち，判断する経験
○思考を刺激する経験（記憶・記銘・想起・回想法など）
○記憶（感覚記憶・短期記憶・長期記憶）のうち，短期記憶を刺激する経験
○自己表現・自己認知をする経験
○承認される心地よさの経験
○愛情欲求・接触欲求を満たす経験
○自己の欲求を満たす経験
○自己実現の経験
○共同作業を通して共感する経験

高橋紀子

# 目　次

はじめに　1

## I　生活場面別レクリエーション　〜基礎編〜　5

### 1　生活場面におけるレクリエーション援助の意義 ———— 6

### 2　レクリエーションの生活化の活動プログラム ———— 10

**高齢者と一緒に作る用具を使う生活場面別レクリエーション**　10
- 1　のびのびリングくぐり「隠れ蓑(みの)」（着脱の動作に結びつくレクリエーション）　10
- 2　荷物用のフックを使った「スーパー・エキスパンダー」
　　　　　　　　　　　　　（食事の動作に結びつくレクリエーション）　12
- 3　ラップの芯とひもで作る「ミニなわとび」
　　　　　　　　　　　　　（入浴の動作に結びつくレクリエーション）　14
- 4　ケン玉の雰囲気を味わう「うちわ DE ケン玉」（睡眠を誘うレクリエーション）　16
- 5　倒して起こして「七転び八起き」（排泄の動作に結びつくレクリエーション）　18

**既存の用具を使う生活場面別レクリエーション**　20
- 6　ドキドキ転がそう「ペタンク」
　　　　　　　　　　　　（立位を保持できるようにするためのレクリエーション）　20
- 7　グレードアップ「風船バレー」
　　　　　　　　　　　　（座位を保持できるようにするためのレクリエーション）　22
- 8　歩いて楽楽「ゲートボール」（歩行をスムーズに行うためのレクリエーション）　24

**用具を使わない生活場面別レクリエーション**　26
- 9　顔のストレッチ体操（食事を楽しむためのレクリエーション）　26
- 10　深呼吸のリラクセーション（食後のひとときを楽しむレクリエーション）　28
- 11　町を歩いて楽しむミニミニウォークラリー
　　　　　　　　　　　　（外出を楽しむためのレクリエーション）　29

目 次

# Ⅱ 生活場面別レクリエーション ～応用編～ 31

## 1 生活レクリエーションの展開 ———————————————— 32

① 生活に即した福祉レクリエーションの広がり 32
② 生活場面を演出するレクリエーション文化 32
③ 新しいニーズを捉えたレクリエーション技術 33

## 2 新時代レクリエーションの技法 ———————————————— 34

### 園芸療法を取り入れたレクリエーション 34
12 里山作り（鑑賞を楽しむ園芸療法的レクリエーション） 36
13 観葉植物のコケ玉仕立て（室内で楽しむ園芸療法的レクリエーション） 38
14 木の実を使ったネームプレート作り
　　　　　　　　　　　（屋外と室内で楽しむ園芸療法的レクリエーション） 40
15 ミニトマトの栽培とピクルス作り
　　　　　　　　　　　（育てて味わう園芸療法的レクリエーション①） 42
16 スプラウトの栽培（育てて味わう園芸療法的レクリエーション②） 44

### アロマセラピーを取り入れたレクリエーション 46
17 睡眠時用のリラックスサシェ（匂い袋）
　　　　　　　　　　　（睡眠時，就寝・起床時の香りの演出レクリエーション） 48
18 火を使わないアロマカップ（食事時の香りの演出レクリエーション） 50
19 香りを楽しむ手浴・足浴・入浴（入浴時の香りの演出レクリエーション） 52
20 脱臭・殺菌効果のあるトイレ用スプレー（排泄時の香りの演出レクリエーション） 55

### 音楽表現レクリエーション 56
21 ボディパーカッション（食事前に楽しむ音楽表現レクリエーション） 57
22 音のかくれんぼ（身近な素材で楽しむ音楽表現レクリエーション） 58
23 音楽すごろく（個別に楽しむ音楽表現レクリエーション） 60
24 ステンレスボウルの音楽（グループで楽しむ音楽表現レクリエーション） 62

## 簡単リハビリを取り入れたレクリエーション　64
　25　腕上げ運動（就寝・起床時にできるリハビリ的レクリエーション①）　65
　26　歩行のための足首運動（就寝・起床時にできるリハビリ的レクリエーション②）　66
　27　座位で行う腕上げ運動（食事の動作に必要なリハビリ的レクリエーション①）　67
　28　前に伸ばしてみよう（食事の動作に必要なリハビリ的レクリエーション②）　68
　29　膝を動かそう（入浴・排泄の動作に必要なリハビリ的レクリエーション①）　69
　30　立ち上がりをスムーズにしよう
　　　　　　　　　　　　（入浴・排泄の動作に必要なリハビリ的レクリエーション②）　70
　31　腿に力をつけよう（着脱の動作に必要なリハビリ的レクリエーション①）　71
　32　背中の筋肉を伸ばしてみよう（着脱の動作に必要なリハビリ的レクリエーション②）　72

## 作業療法を取り入れたレクリエーション　73
　33　日光を浴びて，睡眠リズムを整えよう
　　　　　　　　　　　　　（睡眠，就寝・起床を促す作業療法的レクリエーション）　74
　34　金魚すくいゲーム（食事の動作につながる作業療法的レクリエーション）　75
　35　レイ（首飾り）送り（入浴の動作につながる作業療法的レクリエーション）　76
　36　バケツでキャッチ（排泄の動作につながる作業療法的レクリエーション）　77

おわりに　78

# Ⅰ
# 生活場面別レクリエーション
## ～基礎編～

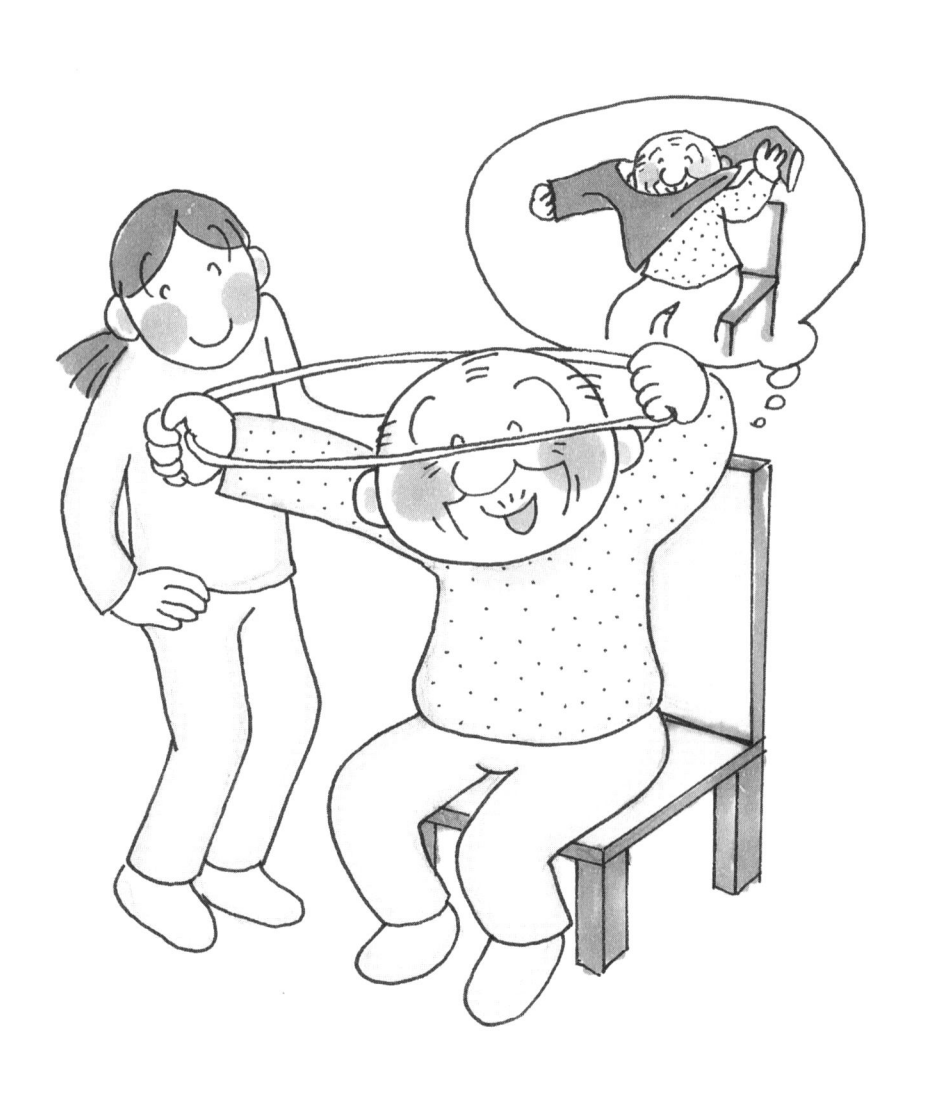

## 1 生活場面におけるレクリエーション援助の意義

　日常生活は楽しいことやにぎやかなことばかりではありません。私たちは悲しみや怒り，驚きなど，様々な喜怒哀楽の感情を持って日常を過ごし，自分らしい生活を送っています。しかし，自分自身が高齢となったり，人の支援を受けることになった場合を想定して，「自分らしい生活を送る」ということはどのようなことか，改めて考えてみましょう。

　医療・福祉関連職の方々に，「あなたにとって，心地よい，気持ちよい，好きなことを8つあげてください」と問いかけると，ほとんどの方は，その中に三大介護と言われる「食事，入浴，睡眠」をあげます。さらに，「『心地よい，気持ちよい，好きな食事』とはどのようなものですか」と尋ねてみると，おいしいものを食べる，友人と食べる，好きなものを食べるなど，人との関わりや嗜好的要素も入ってきます。

　しかし，医療・福祉の現場では，「食事，入浴，睡眠」はどこまで心地よいものや好きなものとして考えられているでしょうか。それぞれの現場で心地よく，気持ちよい基礎生活の支援ができるよう，日常生活そのものに視点を置き，福祉レクリエーション支援を進めていきたいものです。

　日常生活におけるレクリエーション援助で最も大切なことは，「利用者の主体性」を常に一番に考えることです。利用者が心地よく，気持ちよく過ごせるような，人間らしい楽しい生活の追求をこそ，私たちは考えていかなければなりません。そして，介護者自身もその人らしい生活を送り続けることができ，両者が暖かい日常生活を送ることができるようにすることが，日常生活におけるレクリエーション支援だと思います。

　レクリエーションとは，広義では「自由への願いに基づく人間性の回復・再創造」とされるものですが，多くの人は，従来「余暇活動＝遊びの中で行われる行為」と捉えています。自発的に行うものや，目的やテーマが活動自体にあり，個人と社会にとって有意義で，効果的であるものということです。さらに，創造的，建設的であることなどの条件をも満たすものと考えられ，受け入れられていましたが，最近では，社会的背景や時代の変化に伴い，前述の広義のものとして理解されるようになり，浸透してきています。

　また，戦後の日本のレクリエーションは「一人ひとりが楽しみながら，みんなで楽しむ」という考え方に基づいたものでしたが，やがて「一人ひとりが楽しむ」ということよりも「みんなで，集団で楽しむ」ということが中心となり，集い型（集団）のレクリエーションが広がっていきました。そして，集団で楽しむ「ゲーム・ダンス・ソング」の3種の指導が中心の「レクリエーション指導」も長く行われてきました。

　しかし，1990年に「レクリエーション支援」という新たな視点によるレクリエーションの展開が始まりました。「レクリエーション指導者」も「レクリエーション支援者」と名称を変え，現在も全国で活動しています。さらに，2000年の介護保険導入前後より，「ホスピタリティ（気配り，配慮）」の視点から見た新しいレクリエーション理論に重点が置かれるようになりました。

　このようなレクリエーション理論の変化の流れがあるとは言え，レクリエーションを学ぶ機会は少なく，新しい理論の講習会があってもレクリエーション有資格者全員が参加することは難しいため，現場ではなかなか個別対応のレクリエーションができないのが現状です。その結果従来の集団で行うという視点から離れられず，福祉現場で困っている，という声を聞きます。そもそも「福祉レクリエーション」についてきちんと理解できていない，という方もいらっしゃるようです。

　福祉レクリエーションは，「何らかの形で国家・社会のシステム的生活援助・支援（公的指定を

包括して）を必要としている人々が，その生活や人生の過程の中で楽しみや喜びを求めて行う行為・活動である」と『福祉レクリエーション総論』（日本レクリエーション協会監修，中央法規出版）に定義されています。福祉レクリエーションに携わる者の役割は，様々な介護や福祉などのサービス利用者や利用する可能性のある方，予防的な活動に参加する方や予防的な支援を受ける方を含むすべての方一人ひとりが，その人らしく，心身ともに健康な生活を送り続けられるように支援・援助していくことであると思います。

## ●「福祉レクリエーション」の3つの領域の分類

① 基礎生活

　基礎生活とは，食事，着替え，睡眠，排泄，入浴などの「日常生活動作（ADL：Activities of Daily Living）」と，日常生活に関連する一連の動作すべてを含む「日常生活関連動作（IADL：Instrumental Activities of Daily Living）」から成る行為です。そして，高齢者自身が主体的となり，自らの意志を尊重して，生活の質を一層心地よく快適にすることを目指して，援助することが大切です。

② 社会生活

　社会生活とは，主に個人と社会との関係を結ぶ行為です。人は大きな社会の中で，ある一定の規範やルールに従って生活しています。その中でふれあいを求め，人と出会い，共感し，周囲の人たちから自分を認知してもらって，社会に生活する者として何らかの役割を引き受けて社会参加することで，社会的欲求を満たしています。

③ 余暇生活

　余暇生活とは，基礎生活時間や社会生活時間を除いた自由裁量時間に，自分の嗜好に沿って行う行為です。人間的・文化的な領域で，その時間を有意義に使い，1人の個人として自己実現に向かって行う活動です。

## ●社会福祉領域におけるレクリエーション

① 生活のレクリエーション化

　生活のレクリエーション化とは，日常の衣食住を含めた生活そのものを心地よく，快適にし，その人らしく生活していただけるようにするということです。

※詳細は，『介護度別 高齢者の生活レクリエーション』pp.8～15参照

② レクリエーションの生活化

　レクリエーションの生活化とは，生活場面においてその人らしい時間を過ごし，その充実やそこから得られる達成感などを通して自立的な余暇生活を送ることができるようにすること，また，送れるように目指していくことです。そのために，身体的プログラム，思考的プログラムなど様々なものを活用して支援していくことです。

　従来の「集い型（集団）のレクリエーション」は，人との関わり（人との交わりやふれあい）や人間交流（積極的な交流や深い関わり）への欲求と，集団が持つ影響力や効果により，心身を一層活性化させる効果的な方法ですが，本書で紹介する「生活場面別レクリエーション」は，生活そのものの快適さを求めるレクリエーションです。衣食住に密着した様々な場面で，その方の好みや場面に合ったものを着ていただくことや，その季節や季節ごとの行事・習慣に合った食材を使った料理を作ったり食べたりすること，その方に合ったものを飾ったり，揃えたりして住環

境に彩りを与えることなどで，生活が豊かで潤いのあるものになるよう工夫します。
　また，集い型のレクリエーションも，人と人とを結び，関わりを持つことの心地よさや心の暖かさを感じさせることにより効果を生むものであるので，その支援においても日常的レクリエーションの視点を含んで行うことで効果を促すことになります。

## ＊高齢者の特徴と関わり方のポイント

　様々な本や見解によって少し幅がありますが，高齢者を年齢によって2つに分け，75歳より前を前期高齢者，75歳より後を後期高齢者とする見方があります。この前・後期のどちらに属する年齢であるかによっても，身体的，生理的変化があると言われていますので，その方の状態をよく把握して，適した関わりを持ちましょう。

●髪の毛……男性，女性ともに，年齢を重ねていくと白髪になることが多いだけでなく，頭髪が薄くなり始めます。また，男性は眉毛や鼻毛などが長くなる傾向があります。
　特に女性の方で，薄毛を気にされて，ウィッグ（かつら）を着けられる方もいますので，プライドを傷つけないように配慮をします。

●皮膚……高齢になると，しわが増える，深くなるなど，様々な現象が現れます。また，皮膚が乾燥してかさついたり，かゆみを感じたり，シミやできものなどが発現する方もいます。

●目……水晶体の混濁が起こり，家族やスタッフが白内障などの症状に気づくことも多いです。見えにくいことによるけがやミスが増える恐れもあるので，医師の指示を受け，個々に適した関わり方を確認し合います。
　その他に脳梗塞・脳出血などの後遺症や視野狭窄などによって視野範囲が個別に違うので，その対応にも配慮をします。また，加齢とともに明るさや暗さ，色彩の識別がしにくくなることもあります。

●歯……80歳で自分の歯が20本残っているようにしましょう，という「8020運動」というものもありますが，老化に伴い，歯が欠落したり，歯肉に炎症，萎縮が起こるなどの変化があります。食べ物がかみにくくなると，流動食的なものが多くなり，栄養が不足したり偏ったりして，身体的にも影響が出てきます。

●姿勢……若い頃は背筋がピンと伸び，颯爽と歩いていたのが，背筋や腹筋をはじめ，身体全体の筋力が低下し，骨などがもろくなり始めると，背中が丸まって前屈みの姿勢になったり，身長が低くなったりします。また，骨密度が低下して骨が弱くなってくることにより，ちょっとしたことで骨折しやすくなります。
　特に細身で骨がもろい方や肥満で足腰に負担がある方などが多くなります。また，足腰の弱りから膝の痛みを訴える方も多くなり，歩行時の足の運びが悪くなり，つまずきや転倒などの二次的なけがが起こりやすくなります。

●聴力……高齢になるに伴って高い音から聞こえにくくなります。また，音としては伝わりやすいのですが，言葉としては伝わりにくい高齢の方は，感音性難聴が多いと言われています。また，

難聴には伝音性難聴，混合性難聴という種類もあります。
　安心してコミュニケーションをとれるように，声のかけ方や話す位置などに気をつけることが大切です。

●脳……基本的には，加齢に伴う低下があります。また，脳梗塞・脳出血等の脳の疾患により，失行，失認，言語障害などの個々の症状があり，一人ひとりまったく違います。

●知能……高齢になると流動性知能の低下が激しくなると言われています。推察する力，先を読んで行動する力，計算力，洞察力なども低下していきます。
　レクリエーション活動プログラムでは，言語カードを組み合わせるゲームや計算を伴うゲーム，推測・予測する活動などを取り入れていくことで，少しでも能力の維持や低下予防につながるようにします。

●水分補給……高齢になると体内の水分が不足しがちになります。水分不足が進んで脱水症状になると意識を失うこともあり，危険が伴います。
　高齢者に，「水分補給をしましょう」と声をかけても，トイレに頻繁に行くことをおっくうに感じたり，介助の手を煩わさないようにと気をつかって，水分をとることを極力さける傾向があります。レクリエーション活動の中に高齢者がよく話したり，歌ったりする内容を取り入れるなど，のどが渇き，自然と水分をとりたくなるように工夫や配慮をします。

●不安感……認知症や精神的な病気の症状が進んだ方は，自分の行動や居場所，トイレなど様々なことが不安となり，家族やスタッフに繰り返し同じことを訴えるようになります。そのような方に安心して安定した時間を過ごしていただけるように，否定的，拒否的な発言や声かけは，できるだけさけるようにします。落ち着いたやさしい声かけを心がけます。

● 高齢者と一緒に作る用具を使う生活場面別レクリエーション ●

## 1 のびのびリングくぐり「隠れ蓑（みの）」

着脱の動作に結びつくレクリエーション

　身近にある材料を使った簡単な遊び道具で，楽しく身体を動かし，自然と生活場面動作のための運動をします。
　「のびのびリング」を頭から足先へ通す動作は，まるで洋服を着たり脱いだりするような身体全体を使う運動です。洋服の着脱を意識して，楽しく声かけをしながら行いましょう。

[方法]
　立位または座位で行います。

●準備するもの
　平ゴム（幅約7mm，長さ80〜90cm）　1本

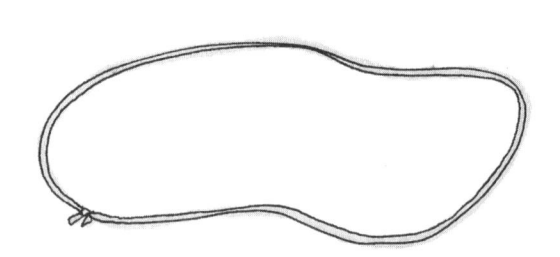

[主なねらい]
　腕を回したり，足を浮かせたりしながらゴムを通すことで，無理をせずに少しずつ身体の関節の動く範囲を広げながら身体の柔軟性を引き出し，毎日の着脱動作に必要な身体の動きをスムーズにします。

[配慮すること]
・座位の状態で身体を動かすため，しっかりとした椅子やベッドや畳の上で，転倒などに気をつけて行います。
・片麻痺の方なども，スタッフが見守りながらできる限り自分で行えるように配慮します。
・車イス使用の方など，ゴムを通すために腰を浮かすことが困難な場合は，動作を「頭から腰」「足先から腿（もも）」の2つに分けて行います。
・身体のバランスがとれる方は，立って行うことも可能です。その場合は，転倒に気をつけて，スタッフが傍について見守ります。

[進め方]
① 平ゴムの端と端を結び，輪にしてリングを作ります。

② リングを頭からかぶり，洋服を着るようなイメージで，腕，肩，腹部を通して腰まで下ろします。次に，ズボンを脱ぐように腰を浮かせて腿から膝を通して，最後は足先から外します。

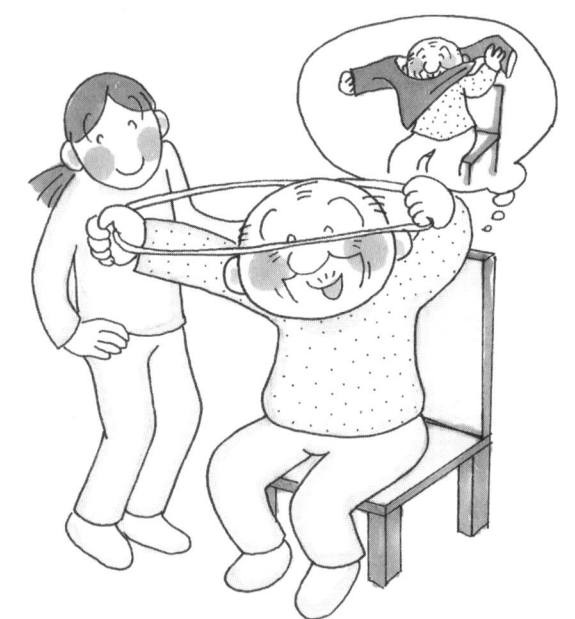

I ●生活場面別レクリエーション　基礎編

③　②と逆に，足先からリングを膝，腿，腰と順番に通し，腹部，肩，腕，頭へと上げて外します。

★ポイント
　「セーターを着て，ズボンを脱ぐようにリングを通します」などイメージをして，生活動作が意識できるような声かけを大切にして，進めていきます。

★応用
・ゴムを長くして「ゆったり夏服（Lサイズ）」，短くして「きつめの冬服（Sサイズ）」と，色々なバージョンで行います。
・立位が可能な方であれば，2人1組になり，大きなリングを使って，お互いの動作を合わせながらくぐります。また，リングを全身に通さず，頭から腹部までの往復などにすることで，座って行うことも可能です。
・円になって，1本のリングを順番に回して行ったり，チーム対抗戦もできます。

＊隠れ蓑（みの）：日本の昔話の中にも出てくる「隠れ蓑」は，着ると身体が見えなくなって隠れてしまうという，想像上の蓑のこと。

# 2　荷物用のフックを使った「スーパー・エキスパンダー」

食事の動作に結びつくレクリエーション

　いつまでも自分で箸や茶碗をしっかりと持って食事ができるように，上腕の筋力と握力をつける運動をします。「握る」「引っ張る」という上腕運動をしながら，楽しく筋力トレーニングをしてみましょう。

[方法]
　　立位または座位で行います。

●準備するもの
・プラスチックの荷物用取っ手　2個　　※ホームセンターで購入可
・荷物を包む梱包材（エアキャップ）　2枚
・平ゴム（幅7〜10mm，長さ約70cm）　2本
・ビニールテープ

●作り方
① 平ゴムを輪にしてしっかりと結んだものを，2つ作ります。
② 取っ手のひもを引っかける部分にゴムの輪をそれぞれかけます。ゴムの輪が外れないように，取っ手の先端部分をビニールテープでしっかりととめます。
　※取っ手の先端をとめるときは，ビニールテープがゴムにかからないようにします。
③ 取っ手の持ち手の部分にエアキャップをそれぞれ巻いて，テープでとめます。

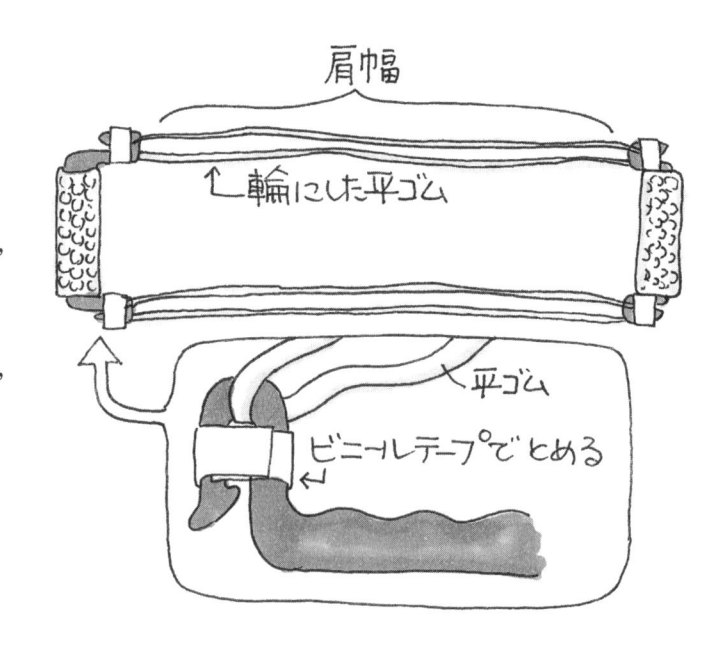

[主なねらい]
・平ゴムの負荷を利用して，自分の力に合った上肢の筋力強化と握力向上を図ります。
・胸を開く運動をすることで，心肺機能訓練にもつながります。
・自分で「回数の目標」を決めて，運動への意識を高めます。

[配慮すること]
・平ゴムの太さや長さにより腕にかかる負荷を変えることができますので，一人ひとりの力に合わせたものを作りましょう。
・片麻痺の方は，片方をスタッフが持つなど，片方の持ち手を固定する形で行います。

I ●生活場面別レクリエーション　基礎編

[進め方]
① エキスパンダーを両手でしっかりと握り，息をゆっくり吸いながら，胸の前で左右に引っ張って腕を開きます。

② 息を吐きながら腕を元に戻します。慣れてきたら少しずつ引っ張る回数を増やしていきます。

★応用
エキスパンダーを左右に開く方法の他に，上下に開いたり，片方を足にかけてもう片方を持ち，動かしても運動になります。

# 3　ラップの芯とひもで作る「ミニなわとび」

入浴の動作に結びつくレクリエーション

　浴槽に入る際，足に力が入らないと体のバランスを崩しやすいです。座位の状態で，なわとびのように足を上げてひもを越え，膝や腹筋の運動を行います。

[方法]
　座位で行います。

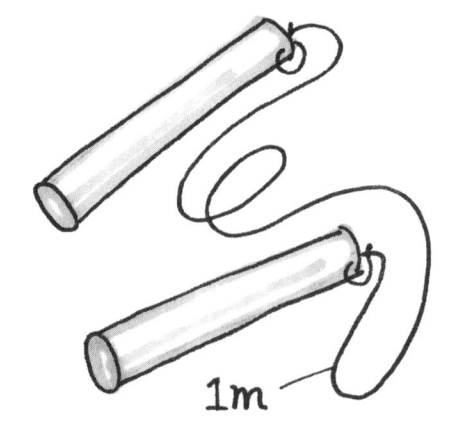

●準備するもの
・ラップの芯　2本
　※短めのものが持ちやすいです。
・布製のひも　1m

●作り方
① 2本のラップの芯の端に，それぞれひもを通す穴を開けます。
② ひもの両端をそれぞれの芯に通し，外れないようにしっかり結びます。

[主なねらい]
・ひもの高さに合わせて，足を上げる高さを意識して身体を動かします。下肢の筋力強化や座位でのバランス向上を図ります。
・自分で「目標」を決めることにより，運動への意識を高めます。

[配慮すること]
・しっかりとした椅子に深く腰かけて，転倒がないように気をつけます。
・片麻痺の方の場合は，なわとびの片方をスタッフが持って行うなど，その方に合わせて補助を行います。
・身体が前のめりになったり，ひもが椅子に引っかからないように気をつけます。
・無理をしないように，最初はひもを床につけるなど低い位置で行い，だんだんと自分に合った高さを見つけます。

[進め方]
① 座位の姿勢で，両手でラップの芯をしっかり持ちます。

② 足の前で，ひもを一定の高さに止めて，「1，2の3！」のかけ声とともに，片足を上げてひもをまたぐように越えます。

Ⅰ●生活場面別レクリエーション　基礎編

③　足の裏が床についたら，またタイミングを合わせて足を上げ，ひもを越えて元の場所に戻します。

④　もう片方の足も同様に行います。

★ポイント
・少しずつ回数を増やしたり，ひもの高さを変えていきます。慣れてきたら両足で一度に越える方法にも，チャレンジしてみましょう。
・握力が弱い方などには，持ち手のラップの芯に平ゴムなどをつけて，手にかけると安定します。

★応用
・腕，手首をしっかり使える方は，ひもを足先から腿の後ろ側へ上げて，お尻を上げて腰を通し，背中から頭へと，身体の後ろから前へ，なわとびを回すように動かします。(回し方は，前から後ろでも後ろから前でも構いません。)
・歌や曲に合わせて，リズムよく，ひもを前後に越します。

# 4　ケン玉の雰囲気を味わう「うちわ DE ケン玉」

睡眠を誘うレクリエーション

　日中,全身を使う運動をすることにより,ほどよい疲れが出て,夜の睡眠を誘います。また,腕や手首を器用に動かすことで,食事の動作をスムーズに行うための運動にもなります。
　誰でも簡単に挑戦できるやさしい形にしたケン玉で,楽しい雰囲気を味わいましょう。

[方法]
　座位または立位で行います。

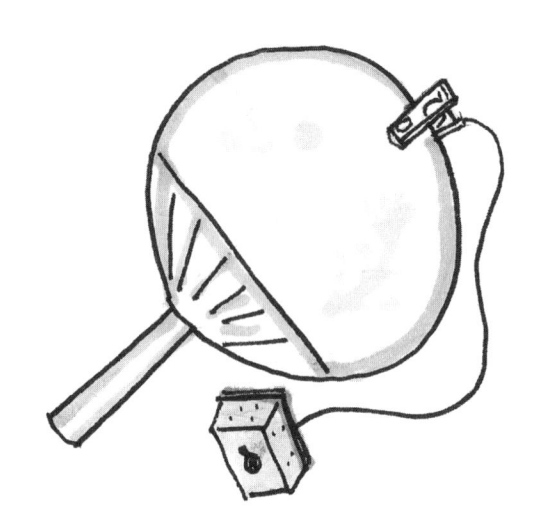

●準備するもの
・うちわ　1本
・台所用スポンジ　1/2個
・ビニールひも　約45cm
・洗濯バサミ　1個

●作り方
① スポンジのまん中にキリなどで穴を開け,つまようじなどの細い棒を使って押し込むようにひもを通します。
② ひもがスポンジから外れないように玉結びをして,ひものもう片方の端を洗濯バサミにくくりつけます。
③ ひもをくくりつけた洗濯バサミをうちわの先端に挟んで,出来上がりです。

[主なねらい]
・スポンジをうちわの上に乗せる動作をすることで,体のバランスをとることや上肢の運動機能の向上を図り,協調性・巧緻性を引き出します。
・腕や手首を中心に全身運動を行い,ほどよい疲れを促します。

[配慮すること]
・スポンジに穴を開けるために,キリや細い棒などを使用する際,けがのないように安全に細心の注意を払います。
・前傾姿勢になりやすいため,椅子から転倒しないように,スタッフが傍らにいて身体を支えるなど,配慮します。
・スポンジの玉が周りの方に当たらないよう,間隔を十分にとって行います。

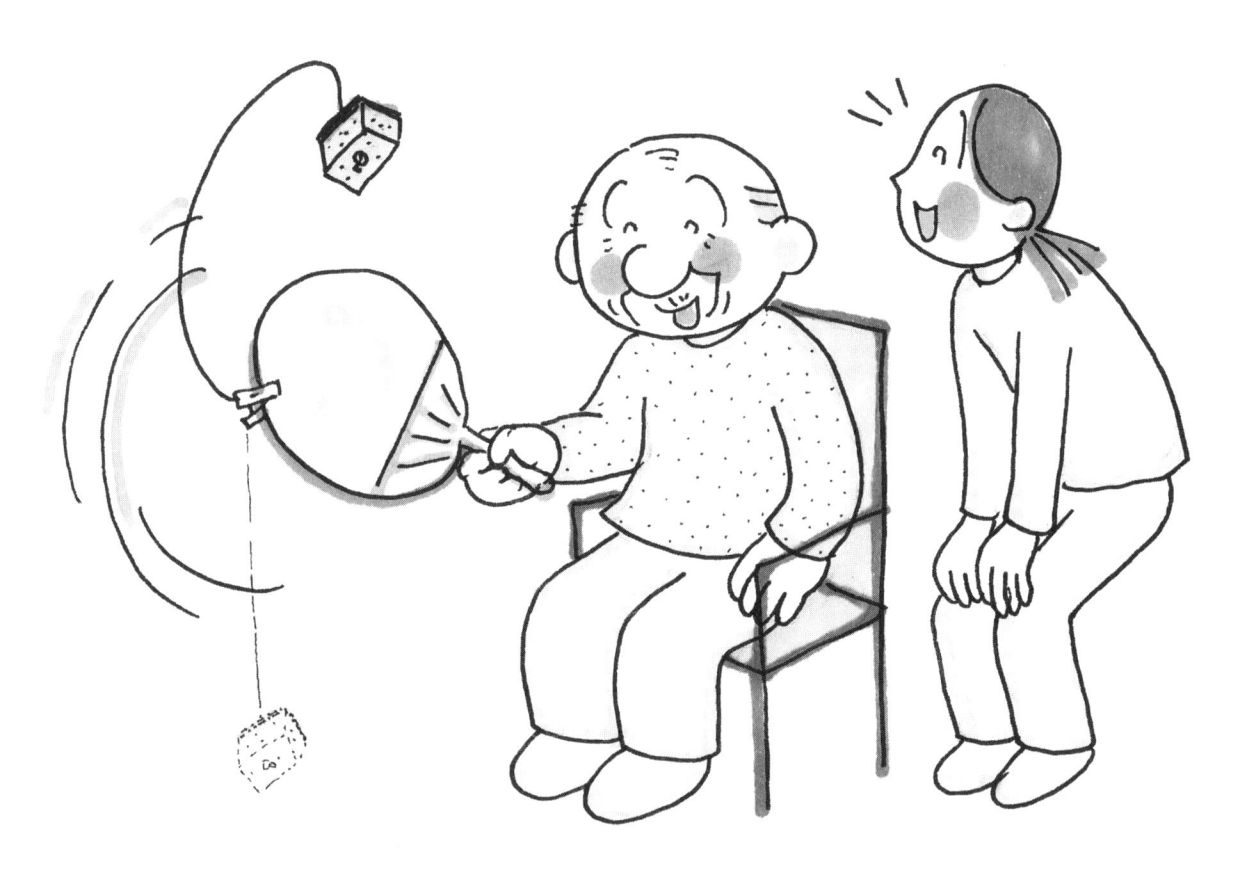

［進め方］
① うちわの柄を片手で持ち，「1，2の3！」で上腕を動かして，スポンジをうちわの上に乗せます。

② 何度か行って慣れてきたら，洗濯バサミを挟む位置を変えて，色々な乗せ方にチャレンジしてみます。

★ポイント
・腕を前に押し出すようにしながら行うと，上手にスポンジが乗ります。
・立位のバランスがとれる方は，立って全身を使いながら行ってもよいですが，バランスを崩さないように，スタッフは身体をすぐに支えられるように気をつけます。

★応用
何回か練習をして慣れてきたら，時間を決めて，何回できるか挑戦するのも面白いです。

# 5　倒して起こして「七転び八起き」

排泄の動作に結びつくレクリエーション

　ダルマが転がってまた起き上がるように，ペットボトルを足で倒して，また起こします。楽しく運動して，排泄時に使うお腹などの筋力をつけましょう。

［方法］
　座位で行います。

●準備するもの
・ペットボトル
　※350ｍℓ，500ｍℓ，1ℓ，2ℓの中から，利用者が扱いやすい大きさを選びます。
・ダルマの絵用の紙，クレヨン，色ペン
・ビニールテープ

●作り方
① ペットボトルは表のラベルをはがして洗います。
② ダルマの絵を描いた紙（写真でもよい）をビニールテープでペットボトルにしっかりと貼りつけます。
③ ペットボトルに水を入れ，フタをしっかり閉め，ビニールテープで口の部分を巻きます。
　※水の量は，足の力に合わせて決めます。

［主なねらい］
　負荷があるものを足を使って動かすことにより，下肢の筋力と腹筋力の強化を図ります。

［配慮すること］
・ペットボトルの大きさや水の量は，一人ひとりの状況や体力に合わせて決めます。
・前のめりになりやすいため，安定した椅子に座ります。また，倒したペットボトルが転がった場合に突然立ち上がることもありますので，転倒がないように注意します。
・片麻痺の方は，スタッフがペットボトルに手を添えるような形で補助してください。

［進め方］
① 椅子に座り，水を入れたペットボトルを足の届く位置に置きます。

② 両足または片足でそれを倒します。

③　倒したペットボトルを両足ではさんで起こします。

★ポイント
・椅子の脇や肘かけに手を置き，しっかりつかまって行うと，腹筋・足に一層力が入ります。
・ペットボトルの大きさや形，水の量を変えることで，足，腹筋にかかる負荷を調整できます。最初は無理をせずに，楽にできる負荷からスタートします。

★応用
　円になって，「倒して起こす」回数を決め，終わったらペットボトルを隣の人に送る方法で順番に回したり，ペットボトルの本数を増やすなどしても，面白い展開になります。

＊七転び八起き：何度失敗してもあきらめずに立ち上がってがんばること。また，人生の浮き沈みが多いことのたとえ。

● 既存の用具を使う生活場面別レクリエーション ●

# 6　ドキドキ転がそう「ペタンク」

立位を保持できるようにするためのレクリエーション

　「ペタンク」は，フランスで生まれたボールゲームです。金属製のボールをビュットと呼ばれる目標球に近づけるゲームです。ボールを転がして，目標球に近づけたときの嬉しさやドキドキ感，仲間と力を合わせる楽しさを味わいましょう。

[方法]
・座位または立位で行います。
・2チームに分かれて対抗戦で行います。

●準備するもの
・ボール　12個（6個×2チーム）
・ビュット（白色の小さなボール）　1個

ボール　ビュット　ビニールテープ　油性ペン

[主なねらい]
・集中力，思考力を高めます。
・勝ち負けを強調するのではなく，チーム内の交流，人との関わり，ふれあいを促します。

[配慮すること]
・白色のビュット（目標球）が見えにくい場合は，床にはっきりした色の敷物をしくか，目立つようにボールに油性ペンで色をつけたり，シールやビニールテープを貼ったり，見やすいボールで代用するなどの工夫をします。
・歩行や立位が不安定な方のために，補助具などに手を置いて身体を支えられるようにして，ボールを転がすことができるようにしましょう。

［進め方］
① ジャンケンで勝ったチームが先攻で，最初にビュット（目標球）を決められたラインから転がして，目標となる位置を決めます。

② 後攻のチームは，ボールをビュットに近づくように転がします。
※ビュットにボールが当たって動いた場合は，止まった場所が新たな目標位置になります。

③ 先攻チームと後攻チームが交互にビュットに近づけるようにボールを転がします。

④ 全員が転がし終わった後，ビュットの一番近くにボールがあるチームが勝ちとなります。
※わかりやすく紹介するために，正式なルールとは多少変えています。

★応用
・直線ではなく，円になって，それぞれの位置からボールを転がしてもよいでしょう。
・個人対抗で行うこともできます。
・ボールの代用に，空き缶の中に重り（小石，粘土，ペレットなど）を入れて，缶の外側をきれいに装飾してもよいでしょう。

※「ペタンク」についてさらに詳しく知りたい方は，ルナ・イ・ソル（代表取締役　高橋紀子,ホームページは http://www.lys.co.jp/lvnt/, E-mail は info@lys.co.jp）まで，お問い合わせください。

# 7 グレードアップ「風船バレー」

座位を保持できるようにするためのレクリエーション

　風船バレーは，高齢者施設で一番多く行われているレクリエーションです。風船の色や材質，安全への配慮，援助者の位置など，ひと工夫した「グレードアップ風船バレー」を楽しみます。

## [方法]
　座位で，7～8人で行います。

## ●準備するもの
・ゴム風船　3個（予備の2個を含む）
　※ゴム風船は，利用者の状況に合った大きさ，色，質感のものを選びましょう。
・ネット（または，ゴムひも）　※対面する人数により，長さを調節します。

## [主なねらい]
・上肢の筋力強化と座位保持，維持を図ります。
・集中力，思考力を高めます。
・チーム内の交流や人との関わり，ふれあいなど，コミュニケーションを深めます。

## [配慮すること]

(風船の色)
　利用者の視力によって，濃い青や赤，オレンジなどの色の風船を用意します。事前に見えやすい色，見えにくい色を，他の遊びを通して確認してもよいでしょう。

(風船の種類)
　利用者の上肢，上腕，手指の筋力を考慮して，風船の大きさや質感，厚さ，重さを選びます。視力的に見えにくい方が多いときは，風船の中にお米やペレットを入れ，音を出すのもよいでしょう。

(椅子)
　前から来た風船に手を出して，前かがみに転倒する危険性があります。足が床に届かない椅子に座っている方には，足置きを用意しましょう。肘かけの有無なども，利用者に合わせて用意しましょう。

(座る位置や方法)
　利用者の視野の広さや白内障の度合いにより，風船が飛んでくる方向が見えにくい場合があります。利用者の特徴を把握して，一番見やすい場所で行ってもらいます。
　また，時にはスタッフが利き手側の手をつなぎ，日頃使わない側の手の運動をしていただくのもよいでしょう。

I ●生活場面別レクリエーション　基礎編

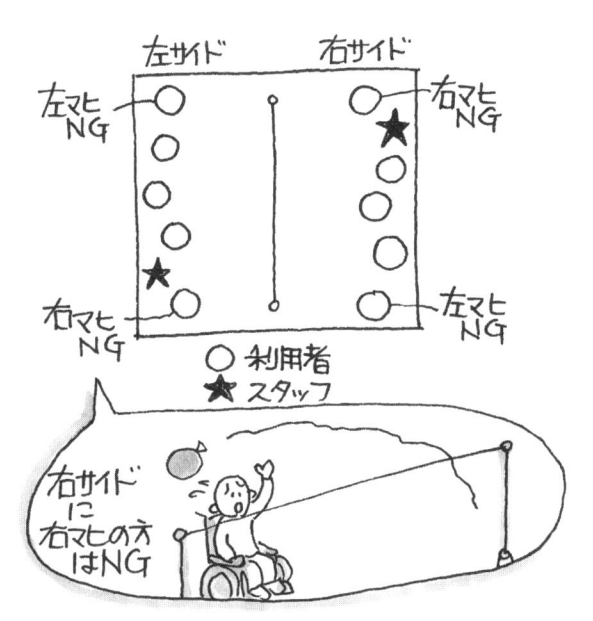

(他のレクリエーションに活かすには)
　風船バレーを行ったときに，声かけの位置や見えやすい色などそれぞれの利用者の特徴に合った援助方法を見つけて，利用者もスタッフもスムーズに楽しめるレクリエーションを見つけていきましょう。

[進め方]
① 利用者を2チームに分けて，それぞれのADL（日常生活動作）に合わせて座る位置を工夫します（例えば，同じ麻痺がある方が隣り同士に座らないようにしたり，コートの外側には手に麻痺がない方に座っていただくなど）。

② 適当な大きさのゴム風船を用意し，ネット代わりにゴムひもを張ります。サーブは利用者の座っている位置から打ち，基本的にはバレーボールと同様に3回以内で相手チームに打ち返します。

③ 時間内に多く点をとったチームか，先に15点とったチームを勝ちとします。
　風船を下に落としたり，3回以内で返せなかったら，相手の得点になります。

※ここでは基本的な進め方を紹介しました。利用者の状態によって，ルールを変えて行ってください。

# 8　歩いて楽楽「ゲートボール」

歩行をスムーズに行うためのレクリエーション

　ゲームをしながら，楽しく，自然に歩行の動きをします。また，チーム内で交流し，互いに協力しながら，早く自分のチームが上がれるように，楽しみながら行いましょう。

[方法]
　チーム対抗形式で，5人1組2チームに分かれます。

●準備するもの
・ゲートボール用スティック　10本
・ボール（赤・白）各5個
・ゲート　3個
・ゴールポール　1本

↑奇数が赤

[主なねらい]
・ゲームの中で楽しみながら歩行運動を促します。
・集中力・思考力を高めます。
・チーム内で協力・交流しながら，コミュニケーションを深めます。

[配慮すること]

・ボールやゲートの色は，どなたの目にも見えやすく，区別できるように，蛍光色や濃い色のビニールテープを貼るなど，工夫します。
・目標のゲートに移動する際に，一人ひとりの歩くペースに合わせ，転倒に気をつけて，必ずスタッフが傍にいて見守ります。
・ボールを打つときは，一人ひとりに合った距離を考え，ゲートから1～3m離れた位置から打ってもらいます。

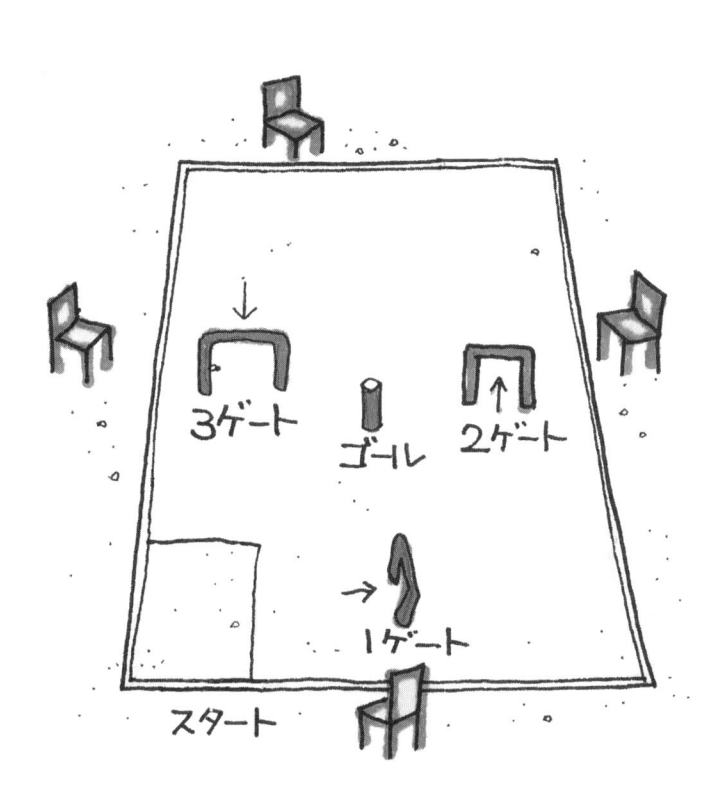

I ●生活場面別レクリエーション　基礎編

[進め方]

① ゲートは，コート上の任意の場所に置きます。

② チームのボールの色を決め，ジャンケンで，先攻，後攻を決めます。

③ スタートの場所に自分のボールを置き，第１ゲートをねらって打ちます。

④ 相手チームと交互に，１人１回ずつ順番に打っていきます。

⑤ ゲートを通過させたら次のゲートに進みます。第１から第３ゲートまでを通したら，最後にゴールポールに打ち当てます。先に全員がゴールポールに打ち当てたチームが「上がり」です。

※わかりやすく紹介するために，正式なルールとは多少変えています。

★応用

　ゲートボールは，基本的には野外で行いますが，ゲートやゴールポールを箱や粘土にさして安定させるなどの工夫をすると，室内でも行えます。

　また，用具は市販のものでなく，手作りしたものを使ってもよいです。スティックは新聞紙を棒状にきつく丸めたものまたはラップ芯をつなげたものの先端に，新聞紙を詰めた牛乳パックをつけて作り，ゲートやゴールポールはラップ芯などを組み合わせて作ります。また，持ち手は手を引っかける部分を作るなど，利用者に合わせて工夫しましょう。

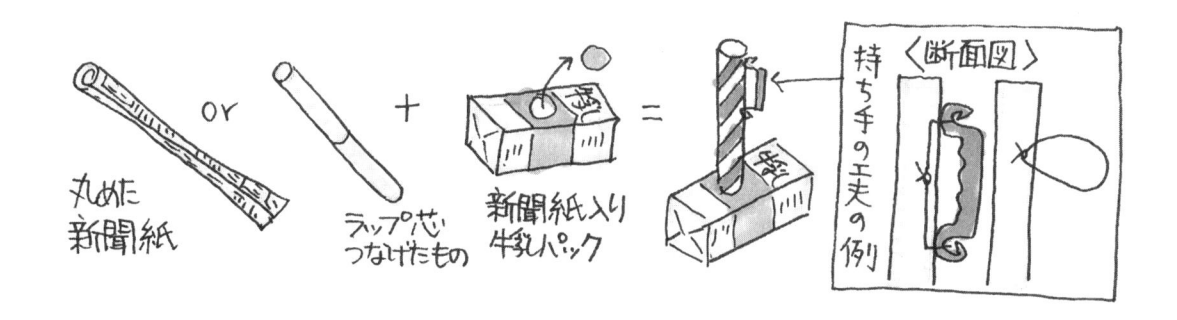

● **用具を使わない生活場面別レクリエーション** ●

## 9 顔のストレッチ体操

食事を楽しむためのレクリエーション

　高齢になると顔の筋肉を使わなくなりがちです。片麻痺のある方などは，それによって動く側も動きにくくなり，食事もしにくくなります。顔のストレッチを行うと，表情の変化のわかりにくい方も笑顔が出やすくなり，食事のときに口を動かしやすくもなります。

[方法]
　食事の前後に，座位・寝た状態で行います。

[主なねらい]
・表情筋（ほほの周りの筋肉）を動かすことで，話すときの表情が豊かになり，笑顔も出やすくなります。
・目のストレッチは，目を開けてものを見ようという意識を引き出します。また，口や舌のストレッチは，血液循環をよくし，食事のときに食べ物を口の中で転がす動きや飲み込みをスムーズにするための運動になります。

[配慮すること]
・口腔内に何も入っていないか必ず確認します。食事後の口腔内の清拭が不十分なために口腔内に食べ物が残っていることがありますので，注意しましょう。
・水分補給が不足していたり，唾液の分泌が悪い場合もありますので，口腔内を潤してから行った方がよいでしょう。

[進め方]
（目のストレッチ）
① 目をぎゅっとつぶって，パッと開けます。

② 目を大きく見開きます。

③ 黒目を上下，左右に動かします。

（口のストレッチ）
① 口を大きく開けながら，たくさん酸素を吸います。そして，「はあーっ」と声を出して息を吐きながら，顔を小さくするイメージで目や口を顔の中心に寄せ，身体も小さく丸くします。

② 口を閉じてほほをいっぱいふくらませます。

③ 口を縦に大きく開けます。

④ 口を閉じて，くちびるを左右にのばします。

⑤ 口を閉じてほほをいっぱいふくらませたら，ゆっくり右のほほだけをふくらませます。次に，左のほほだけをふくらませます。

⑥ 口を閉じてくちびるを左右にのばして，少し上に持ち上げるように動かします。

(舌のストレッチ)

① 舌を出して，上下，左右に動かします。

② 今度は，大きく円を描くように舌を回し，反対方向にも回します。

上下　左右　回す

★ポイント
・ゆったりした音楽に合わせて，8拍ずつ行いましょう。
・朝に行うと血液循環がよくなり，顔の表情を豊かに保てます。

★応用
　グー・チョキ・パーの表情を決めて顔ジャンケンをすると，自然と顔のストレッチになります。

# 10 深呼吸のリラクセーション

食後のひとときを楽しむレクリエーション

　食後のひとときをゆったりと落ち着いて過ごす心地よさを味わっていただきます。その人が最もリラックスできる姿勢を保てるようにしましょう。

[方法]
　椅子やソファーに座る，リクライニングシート等に横になるなど。

[主なねらい]
・その人に一番適した心地よい姿勢で，食後に身体と胃を休めます。
・休めた身体の機能をゆっくりと目覚めさせていきます。

[配慮すること]
・座位の状態でも，背の低い方などは床に足をつけようとして腰に負担がかかり，リラックスできないこともあります。足台や，身長に合った高さの椅子を用意するなど，気をつけましょう。
・リクライニングシートを倒す角度，倒したときの足の高さなどにも気を配ります。
・休んで急に立ち上がると，目まい，立ちくらみや転倒の危険があるため，身体の機能を徐々に目覚めさせて，その後の活動へ促します。

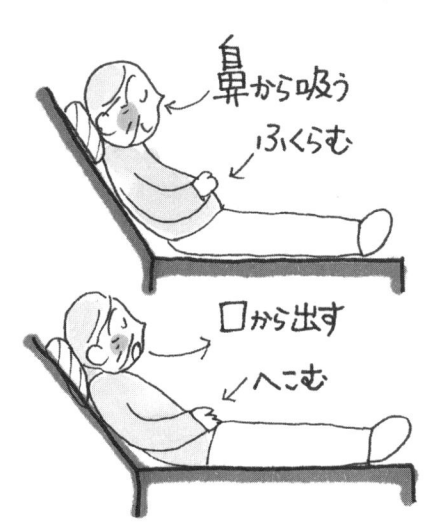

[進め方]
① 食後の30分ほど，静かなクラシックなどの音楽を聴きながら，消化を助け，胃を休めるためにソファーやリクライニングシートなどに座ったり，横になったりします。
② 起こすときは，驚かさないようにそっと声をかけて，目覚めていただきましょう。
　※食後に薬を服用する方は，このときに服用します。
③ 起き上がる前に，両手をお腹の上に置き，鼻から息を吸って口から吐いてと，ゆっくり深呼吸します。息を吸ったときにお腹をふくらませます。吐くときは，お腹をへこませることを意識します。

★ポイント
　息を鼻から吸って口から吐くことが難しい場合，ゆっくり深呼吸するだけでもよいです。

# 11 町を歩いて楽しむミニミニウォークラリー

外出を楽しむためのレクリエーション

　ウォークラリーに使うコマ図（道が交差する地点の略図）を利用して，外に出かけるきっかけを作ります。指定されたコースを歩き，新しい発見をしながら，スタッフと利用者のコミュニケーションを深めます。

［方法］
　歩行・車イスで外出します。

［主なねらい］
・外出するきっかけを作ります。
・スタッフと利用者のコミュニケーションを深めます。
・風景を楽しんだり，得点を競う喜びを感じます。
・コマ図を使い，1コマずつ確実に進むことで，目標達成の喜びにつなげます。

［配慮すること］
・利用者の状態に合った距離，テーマを選んでコースを設定し，コマ図や文字の大きさもわかりやすいように配慮します。
・道の幅，坂道，階段，段差，交通安全に関しては事前に確認を怠らないように心がけ，当日も細心の注意を払います。トイレの場所などもきちんと把握しておきます。
・出かける前に，トイレに行ったり，きちんと防寒・暑さ対策をします。
・時間をゆったりと設定して，気持ちを焦らせないように気をつけましょう。

［進め方］
① 目的地を決め，その地点までのコースのヒントとなるコマ図を作ります。コマ図は●印が自分の位置を，矢印➡がこれから進む方向を表します。

② 目的地（ゴール）に着くまでの随所にチェックポイントを作り，その場で解決できる課題（クイズ等）を出します。

③ スタッフから利用者にウォークラリーの説明をして，グループごとにチェックポイントの問題と解答用紙を1枚配ります。

④ 1人に1枚，コマ図を配ります。利用者とスタッフはスタートし，コースを確認しながら進みます。また，ゴールで待機するスタッフは，利用者を迎えるための準備をします。

⑤ 全員がゴールに到着したら，みんなで課題について発表したり，感想などを話し合います。

★ポイント
・歩きながら，普段は気づかない道端の花に気づいたり，新しい建物を発見するなど，様々なところに目線を向けて，利用者との話を楽しみましょう。また，ゴール後に「○○神社にきれいな花が咲いていましたね」など，歩いたときに発見したことなどを話し合います。
・町だけではなく，施設の敷地内の庭などを利用して，楽しんでもよいでしょう。
・利用者の状態によって，チェックポイントを設定しない場合もあります。

コマ図の使い方

　コマ図を番号順に使用して道を進むと，目的地（ゴール）にたどり着きます。ここでは下のマップ図上で，ゴールはどこになるか考えてみましょう（答えは下）。スタートは「S広場」で，ゴールはA，B，C，Dのいずれかの場所になります。

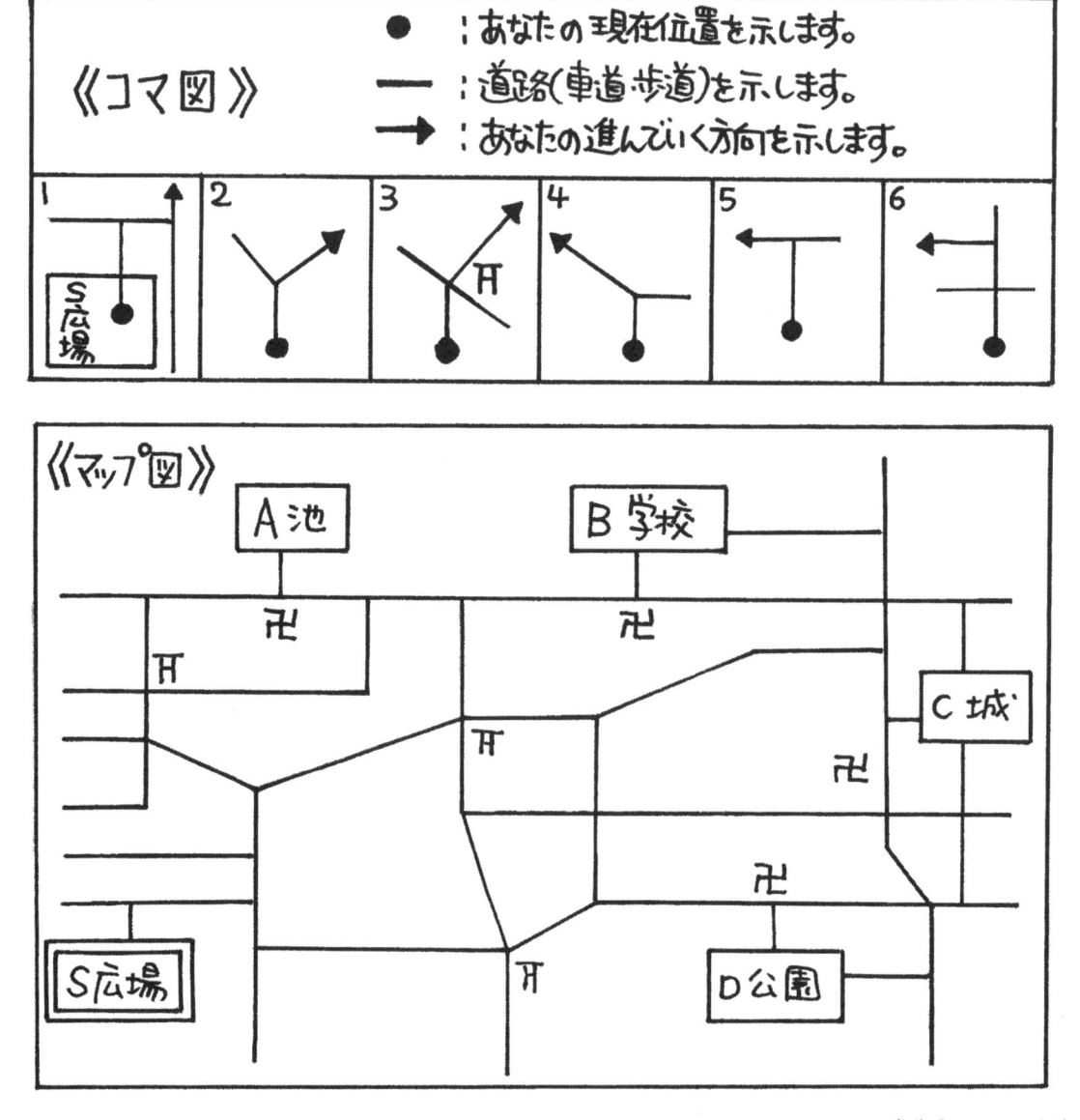

（答え：B 学校）

# Ⅱ
# 生活場面別レクリエーション
## 〜応用編〜

# ① 生活に即した福祉レクリエーションの広がり

　様々な療法に興味があっても，日々の忙しい仕事に追われるスタッフにとって，それらを知り，技術を身につけることは難しいのが現状です。
　この章では，高齢者一人ひとりが心地よく，その人らしい生活を送ることができるように，介護や理学療法，作業療法などの各専門スタッフが真の意味で連携し，レクリエーション活動プログラムを展開できるようにという期待も込めて，福祉に関わるすべての方々に知っていてほしい様々な療法をご紹介します。

　作業療法士・理学療法士は，同じ医療職である医師や看護師のように，業務独占*であると勘違いされていることが多いのですが，実際は社会福祉士，介護福祉士と同様に名称独占*の職種です。しかし，業務独占ではないからと言って，誰でもが行うことはさけたい，またはできない，特殊な領域ではないかと思います。
　しかし，治療行為を伴う活動プログラムを除き，福祉職（福祉業務に従事する者）でもレクリエーションの生活化に関する活動プログラムの展開は可能であると思います。そのために，作業療法および理学療法の職域の視点についても紹介していきます。

　レクリエーションは，時間つぶしやその場しのぎの活動ではありません。家や施設が潤いのある生活の場となるようなレクリエーション活動を提供することが，生活に即した福祉レクリエーションを広げることにもつながります。
　レクリエーションに携わるスタッフは常に，高齢者一人ひとりがより豊かに心地よく過ごせる日常生活を念頭に置いて，レクリエーション活動プログラムを展開していきたいものです。その意味でもここでは，一過性でない，継続して展開する療法などにもふれていきます。
　スタッフの皆さんもぜひ，自分にとっての生活に即したレクリエーションとは何か，自分にとって何が心地よく，気持ちよいことなのかを考えてみてください。自分の視点やものさしを知らない限り，利用者の生活に即した福祉レクリエーションを考えることは難しいです。
　忙しい仕事の中でも，スタッフ同士で立ち止まり，利用者一人ひとりの心地よさを確認し，一般化させて，日々の生活をよりよいものにすることが大切なのです。

＊業務独占：資格を持たない者は，その業務に携わってはならないということ。
＊名称独占：資格を持たない者は，その名称を名乗ってはならないということ（その業務に携わることは構わない）。

# ② 生活場面を演出するレクリエーション文化

　「レクリエーションの福祉文化を大切に」と言っても，なぜ大切なのだろうと思う方もいらっしゃることでしょう。
　介護が必要な高齢者やその家族にとって，介護生活が始まったとたんにそれまでの日常生活が急変し，困難になることは否めません。どのような状態や状況に置かれても，できるだけそれまでどおりの日常生活を送ることができるように，福祉職の人は日常の生活場面に沿ったリアリテ

ィ（現実感）を演出・提供したいものです。

　施設の廊下や壁に折り紙で作った子どもっぽい輪飾りやカレンダーなどがところ狭しと貼ってあるのを見ると，時々疑問がわきます。もしも高齢者が家庭で生活していたら，このような飾りつけをした中で日常を送ることは決してないと思われるからです。
　そして，入居者のベッドの周囲など誰でも見えるところに，体位交換やおむつの交換の方法等が書かれた紙が堂々と貼られている施設がまだあります。また，施設によってはいまだに1人のスタッフが高齢者を乗せた車イスを粗雑に，2台一緒に運んでいる状況も見られます。
　このような光景を見ると，そこには高齢者の人権に対する配慮や文化が何もないように思われます。高齢者の年齢，性別や様々な状況を鑑みたときに，「高齢者の生活場面に潤いや主体性，文化を」と強く思うのです。

　例えば，神奈川県横浜市旭区にある特別養護老人ホームさくら苑では，施設内の廊下の壁には，子どもだましでない，情緒的要素を含んだ絵画や写真，クラフトなどが掲げられています。それも，車イスの入居者からも見やすい位置に飾られるなどの配慮がなされているのです。

## ③　新しいニーズを捉えたレクリエーション技術

　集団（グループワーク）のレクリエーションを行うだけではなく，その効果を利用して個別（ケースワーク）のレクリエーション支援を展開していくことが，今後のレクリエーション支援者にとって必要な技術であると思います。
　今も様々な場所で集団レクリエーション指導が行われているのをよく見聞きします。スタッフの中にも，子どもの頃みんなでわいわいレクリエーションを楽しむのが流行ったので，それをしなくては，と呪縛のように苦しんでいる方が多くおられます。
　まだまだ福祉レクリエーションや生活に即したレクリエーションを体得するチャンスのない方が多く，スタッフ全員が大変な思いをしながらレクリエーションを行っているのが現状のようです。

　介護保険が導入されたこと，また様々な価値観や身体状況，精神状況があることなどを含んだ上で，集団レクリエーションの効果を利用した個別レクリエーションの展開方法や支援技術を，福祉職員は体得したいものです。そのためには利用者のADL，IADLを考えて，利用者本人の背景や意向を含み，介護の視点に立った個別レクリエーション支援が，今後の課題となるでしょう。

## ● 園芸療法を取り入れたレクリエーション ●

　私たちの周りにはたくさんの草花や樹木があり，四季折々にその姿・形を変え，私たちに喜びや感動をもたらしてくれます。きれいな花をただ眺めるだけでなく，その世話をして育てていくことができれば，その喜びは倍増することでしょう。

　特に高齢の方であれば，幼少期に遊んだ野原の草花や，畑に植わっていた野菜など多くの植物について，当時の思い出とともに記憶している方も少なくないと思われます。実際に植物を育てることを趣味として日々楽しまれる方も多いのではないでしょうか。

　私たち人間が植物の成長に対して，ただ眺めるだけでなく，水をやったり雑草を取り除いたりなどの日常的な手入れや季節に応じた様々な作業を継続的・積極的に行うことを「園芸」と言うことが多いです。また，園芸には，植物そのものが持つ情報を私たち人間が感覚器官でキャッチすることにより得られる効果と，実際に園芸の作業を行うことによって導き出される効果があると言われています。

　鮮やかな色，かわいらしい形，手ざわり，香り，味など，私たちは植物からの情報を直接，いわゆる五感（視覚，嗅覚，触覚，味覚，聴覚）で捉えます。鮮やかな色の花を眺めていると心が明るくなる，新緑の若葉を見ると目の疲れが解消する，ミントやラベンダーの香りをかぐとリラックスできるといった，視覚，嗅覚を通したリフレッシュ効果が期待されることもさることながら，その他の感覚すなわち触覚，味覚，聴覚も含めた五感のすべてが刺激を受け，癒しの効果となって身体にもたらされると言われています。

　一方，土や植物に直接ふれる作業は，指先から脳へ刺激を送り，脳を活性化する効果があったり，血行や関節の動きをスムーズにする効果もあります。さらには，植物への愛着や育てることの喜びから責任感・達成感・充実感といった心身の刺激・向上が期待され，園芸活動の展開方法や援助・支援方法によっては，個人の満足や感情表現だけでなく多くの人と関わり合い，コミュニケーションが生まれるといった社会的な効果も考えられます。

### ●弱った五感を刺激し自然治癒力を高める園芸

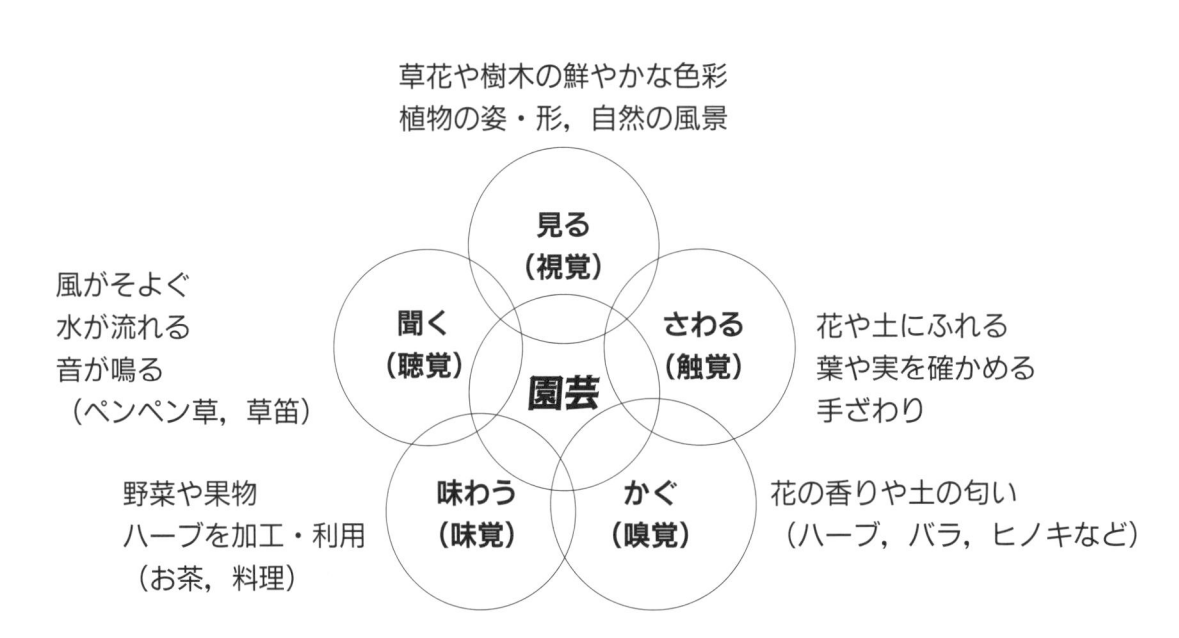

草花や樹木の鮮やかな色彩
植物の姿・形，自然の風景

見る
（視覚）

風がそよぐ
水が流れる
音が鳴る
（ペンペン草，草笛）

聞く
（聴覚）

さわる
（触覚）

花や土にふれる
葉や実を確かめる
手ざわり

園芸

野菜や果物
ハーブを加工・利用
（お茶，料理）

味わう
（味覚）

かぐ
（嗅覚）

花の香りや土の匂い
（ハーブ，バラ，ヒノキなど）

高齢者を含めて心身のケアや回復が必要な方々のために，園芸を治癒的手段として捉え，活動プログラムに取り入れる医療関連施設などが徐々に増えてきました。福祉関連施設においても，治療的（医療的行為）部分を除いた園芸活動プログラムの効果を活用しています。対象となる方の心身の状況を把握し，より心地よい方向に導き，自立に向けた支援・援助をすることを目標に園芸プログラムを展開し，精神や情緒の安定，ADLやQOLの向上，身体機能の維持・回復，介護予防，コミュニケーション作りなどに応用していくことを「園芸療法」と言います。

　草花や野菜を上手に咲かせたり実らせたり，寄せ植えやフラワーアレンジをきれいにデザインし完成させることが必ずしも目標ではなく，高齢者がその人なりの園芸を楽しく活動的に続けられ，それによって五感を通じた心身の活性化を得られるような活動プログラムを，スタッフが継続的に支援・援助していくことが園芸療法ではとても重要です。

　実際に活動を展開するにあたっては，時期・時間帯，実施する場所，人数，障害の度合い，目指す目標，期待される効果，使用する作業道具や植物選びなど，あらゆる情報・条件を整理し，高齢者が主体となって行えるように計画します。スタッフは植物のことも人のことも十分理解している必要があり，それらを適切に支援・援助するコーディネート力が必要になります。

　植物を育てることは後戻りができませんし，予測が難しい部分があります。しかし，世話をした分だけ植物は応えてくれますし，日々の成長過程は利用者にもスタッフにも感動や潤いをもたらします。施設内には植物があふれ，それらを介して笑顔や会話が増え，リラックスできる明るい環境を援助することとなり，最終的にはよりよいケアに結びつくことでしょう。

● 様々な効果が期待される園芸療法

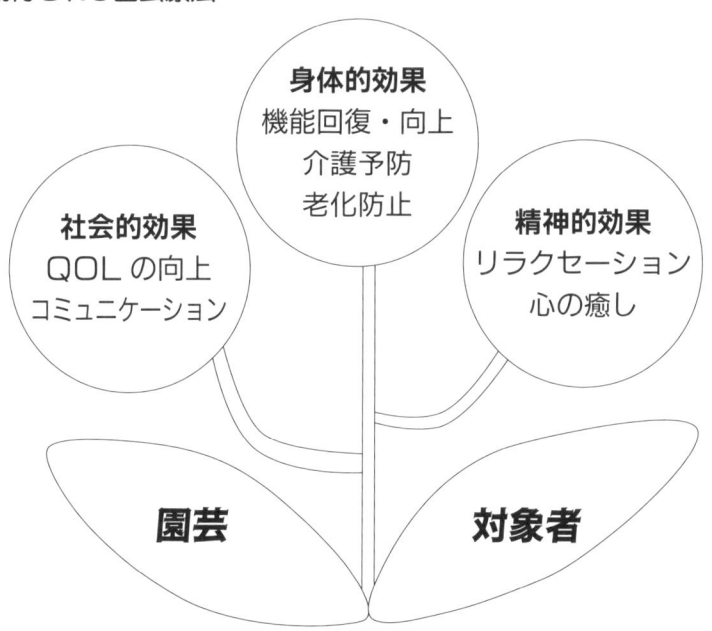

**身体的効果**
機能回復・向上
介護予防
老化防止

**社会的効果**
QOLの向上
コミュニケーション

**精神的効果**
リラクセーション
心の癒し

園芸　　　対象者

● 「園芸」と「園芸療法」の違い
園　　芸……植物を育てたり，それらを利用するなど，植物を主体とした一連の作業行為
園芸療法……心身の改善やケアを目的に，園芸を手段にして活動し，様々な効果を促進していく，利用者が主体となるプログラム

# 12 里山作り

季節 一年中

鑑賞を楽しむ園芸療法的レクリエーション

　一人ひとりの故郷の懐かしい風景や思い出の場所を，草花や石ころを使ってそれぞれの平鉢の中に表現します。

[方法]
　室内で，4人1組で着席して行います。

●準備するもの
・角型平鉢（盆栽用植木鉢）・鉢底網（または，みかんのネットなど，細かい網状のもの）
・培養土（肥料などがブレンドされた土）
・装飾用の化粧砂（白い粒状の石）やバークチップ（木の皮），石ころ，木の枝
・植物の苗（ゴールドクレスト，タマリュウ，ヒメザサ，リンドウ，ナンテン，ビオラ，セダムなど）
※材料は，園芸店，ホームセンターなどで購入できます。まとめて用意できますが，植物の苗は活動時期により種類を変えて，活動日の直前に用意するのがよいでしょう。

[主なねらい]

・懐かしい風景を思い出すことにより，脳を刺激します。
・様々な材料を用いて風景を表現し，創造力と自己表現力を引き出します。
・物作りを楽しみながら指先を動かし，心身を活性化します。
・身近なところで常に鑑賞し，植物への興味を高めます。

[配慮すること]
・利用者がお互いに思い出話をしながら楽しく作業できるよう，話題を引き出すような声かけをします。
・「春の小川」や「野原の散歩道」など，テーマや場面を設定すると具体的なイメージをつかみやすくなります。
・座ったまま作業をする場合は，鉢植えなどの作業がしやすいように，作業台と椅子の高さを確認して調整します。
・ハサミなどの道具は必要ありませんが，植物，土，石ころなどを誤食しないように，材料の扱いに気をつけます。

Ⅱ●生活場面別レクリエーション　応用編

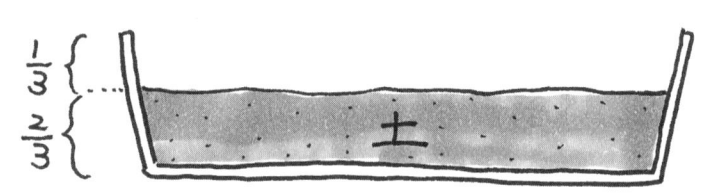

[進め方]

① テーマに沿って作品のデザインを考えます。昔の出来事や見たことのある自然の風景がどうだったかを話してもらい，具体的にイメージします。

② 利用者の前に平鉢を置きます。平鉢の底に網をしいて培養土を2/3程度入れます。土をさわるときは，素手でもよいですが，斜めに切った紙コップや500mlのペットボトル（切り口にビニールテープを貼る）などをスコップ代わりにすることもできます。

③ 植物の苗を植える前に，植物の名前を覚えながら土の上に置いて，バランスを確認します。川や池を作る場合はその部分を空けておきます。

　また，橋，かかし，神社の鳥居などの飾りを，あらかじめ木の枝や実を組み合わせて作っておくと便利です。

④ 植物を植え込み，飾りや石ころを置きます。土を根のすき間に十分入れていき，植物の根元をしっかり押さえます。

⑤ いったん水やりをした後，土の表面を化粧砂やバークチップで隠します。川や池の部分も砂をしくなどして，1つの風景にまとめます。

⑥ 出来上がったものを皆さんで見せ合って，鑑賞します。

★ポイント
・鉢は，角型がやりやすく，初めて行う場合は大きさ15×20cm，深さ7〜8cm位の小さめの鉢で行うのがよいです。
・春と秋は扱える植物が豊富で活動しやすいです。この時期に制作しておくことで，夏と冬の期間でも室内で鑑賞中心に楽しめます。

# 13　観葉植物のコケ玉仕立て

季節　一年中

室内で楽しむ園芸療法的レクリエーション

　コケ玉は，粘土のような土で観葉植物の根を包み込んだもので，器に盛りつけるように置いて仕上げます。コケ玉に使う観葉植物の緑色は，目の疲れをとり気分をリフレッシュさせます。空気を浄化する効果もあり，室内のインテリアとして癒しの空間を演出できます。

[方法]
　室内で，4人1組で行います。

● 準備するもの
・用土（1人分）：ケト土　　　　約200g
　　　　　　　　　赤玉土小粒　　約200g
・生ゴケ（入手が難しい場合は，乾燥水ゴケ）
・木綿糸（または，生け花用ワイヤー）
・洗面器　・バケツ　・水
・ビニールシート（または，新聞紙）
・植物の苗（ポトス，オリヅルラン，ハツユキカズラ，ミリオンバンブー，フィカスプミラなど）

[主なねらい]
・粘土質の土をこねる作業で，手，腕，全身を使い，身体機能を向上させます。
・植物に興味を持ち，自分で責任を持って育て，楽しみます。

[配慮すること]
・水を使うので床面が濡れないように気をつけ，転倒防止を心がけましょう。
・手指の汚れが気になる場合は，ビニール手袋を用意し，衛生面にも気をつけましょう。また，汚れ防止のため，床や机にビニールシートや新聞紙をしいて行いましょう。
・植物の根に直接ふれるので，根を傷めないよう丁寧に扱います。

[進め方]
① 観葉植物の苗の根に付着している土を落とし，洗います。長めの細くなった古い根を切りつめ，10分ほど水につけて水あげをします。

② 洗面器の中にケト土と赤玉土を配合します（配合比率は，ケト土1：赤玉土1）。少し水を加えながら，なめらかになるまでこねるようによく混ぜて，耳たぶのかたさよりも少しやわらかくして，適当な大きさの団子状に丸めます。

③　土の団子を少し平たくして中央にくぼみを作り，そこに植物を植え込みます。根を隠すように包み，形を球状に整えて土の表面をなめらかにします。

④　生ゴケ（もしくは乾燥水ゴケを水で戻して軽く絞ったもの）を手のひらに薄く広げます。その上に③を置き，コケを表面に貼りつけます。団子状の土がすべて見えなくなるように，表面をコケで覆い隠していきます。

⑤　コケをなじませながら，はがれないように，木綿糸を縦・横・斜めに5～6周巻きます。巻き方がゆるいとのちにほどけてしまいますし，逆にきつすぎるとコケのフンワリ感がなくなり見栄えが損なわれ，形が丸く整わなかったり，植物を傷める原因になるので気をつけます。

※木綿糸を巻きつける方法の他に，3cmに切った生け花用ワイヤーをU字に曲げた「Uピン」をいくつも作っておき，それをコケの上から土に向かって差し込んでとめる方法もあります。

★ポイント
・土をこねる作業が，おにぎり，コロッケ，おはぎなどを作るのに似ているので，手つきよく作業をしていただけるよう促しますが，誤飲・誤食がないように気をつけます。
・木綿糸を巻きつける際は，上下左右に向きを持ち替えながら行いますが，コケがずり落ちてしまう可能性があるので気をつけます。
・使用した植物の特徴や育て方などを本で調べたりして知ることにより，一層，植物に興味がわくように促しましょう。

★応用
・コケ玉を置く器を雰囲気に合うように選んだり，平鉢を使って盆栽風にアレンジすることもできます。
・作品を家族や友人に贈るために作るのも，第三者と関わりを持つ喜びになります。

〈コケ玉の管理上の注意〉
・窓の近くなど，室内の明るいところに置いてください。
・ケト土は乾燥するとかたくなってしまい，元に戻らず，植物が枯れてしまいます。水やりはコケの表面がカサカサに乾く前に行い，常に水分を保つようにし，液体肥料を1カ月に1回与えてください。
・水やりは，霧吹きで全体をまんべんなく湿らせるか，弱い水流で植物の根元（コケ玉のてっぺん）のところに与えてください。葉の表面にも霧を吹きかけるとよいでしょう。

# 14　木の実を使ったネームプレート作り

季節　秋

屋外と室内で楽しむ園芸療法的レクリエーション

　足腰の筋力の低下とともに，だんだんと外に出ることが億劫（おっくう）になってきます。秋の実りを楽しみながら，自分で拾ってきた木の実を使うことを目的に，積極的に外へ散歩に出かけましょう。

［方法］
　外出後，室内で制作活動を行います。

●準備するもの
- 木の実（ドングリ，マツボックリなど），小枝
  ※葉っぱは，保存上，耐久性に問題があるため使用しません。
- プレート（コルクの板にひもを通したもの）10×20cm
- 木工用ボンド
- つまようじ（または，竹串，割りばし）

［主なねらい］
- 木の実を探すことをきっかけに，自発的に外に出ます。
- 外では，歩行やしゃがむことによる足腰の運動を行います。
- 木の実を探したり見つけ出したりする探求力と，集めたものを何かに利用する創造性を養います。
- 公園などの自然にふれたり，制作する中で，幼い頃の記憶などをゆっくりと話します。

［配慮すること］
- 屋外での活動であるため，暖かい服装で参加してもらい，防寒具やひざかけなども用意します。
- 利用者が歩いたり木の実を拾ったりする際に転倒などがないように，十分に気をつけます。片麻痺のある方などには無理をさせず，スタッフが支援・援助します。
- ドングリの中には虫が入っている可能性があるので，一度煮沸してから使用すると，割れにくくなります。

## Ⅱ●生活場面別レクリエーション　応用編

[進め方]

① 公園や施設の敷地内で木の実や小枝を拾います。

② 拾ってきた木の実や小枝の汚れを落とします。ドングリはきれいに洗い，鍋で一度煮沸した後水気をとり，冷まします。冷めたら表面をタオルなどで軽くふいてから使用します。

③ 完成後の利用方法を考えて，プレートのデザインを決めます。例えば，自分の名前や部屋の番号（○○号室），名称（トイレ，食堂……）など，自由に創作します。

④ プレートに好きなように実を貼りつけます。つまようじや竹串にボンドをつけて作業します。

⑤ 一昼夜乾かして完成です。

★ポイント

プレート作りは，細かい作業で集中力が必要ですが，木の実の名前や種類を一緒に調べたり，子どもの頃の思い出などについて楽しく会話をしながら行いましょう。

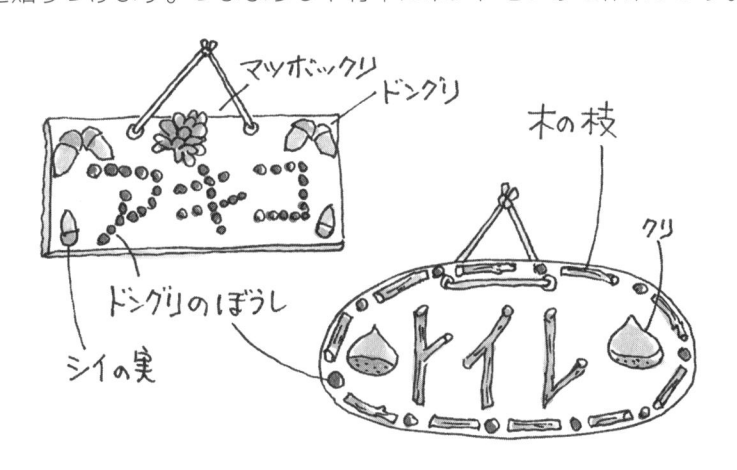

# 15　ミニトマトの栽培とピクルス作り

季節　夏～秋

育てて味わう園芸療法的レクリエーション①

◆種まきから栽培まで　4月下旬～8月上旬　◆収穫　7月下旬～9月下旬

　畑がない施設でも，ミニトマトはプランターで育てられ，収穫も簡単にできます。また，夏は赤く熟した新鮮なトマトを食用にし，秋に育った青いトマトは保存のきくピクルス作りに使って楽しみます。

[方法]
　室内中心で，座位で行います。

[主なねらい]
・植物を種から育て，実を収穫することにより，責任感が生まれ，達成感を味わいます。
・種をまいてから食べるまでの数カ月間を想像したり，植物が成長する楽しさを感じたりします。
・植物を栽培することで，季節感を味わいます。
・赤いトマトは生で食べてとれたての新鮮さを味わい，収穫の最盛期を過ぎてしまった時期になる青いトマトも，おいしくいただけるよう工夫します。

（トマトの栽培）
●準備するもの
・ミニトマトの種　・培養土
・肥料　※顆粒（つぶ）状の化成肥料で構いません。
・ポリポット（植物の苗を入れる黒いビニール製の鉢）（直径9cm）
　※ポリポットの代わりに，たまごパックでも可。その場合は，キリや千枚どおしで1つのくぼみにつき2つか3つ穴を開けます。たまごパックの下に，肉や魚の入っていた白い発泡スチロールのトレイを受け皿代わりに置きます。種は1つのくぼみに3粒まきます。
・スコップ（移植ゴテ）　・プランター（65cm角）

[配慮すること]
・種をまく時期を間違えないように，4月中旬から5月中旬までの間で行います。赤く熟して収穫できるのが7月下旬頃となり，以後どんどんトマトが実っていきます。
・生育には強い日光が必要であるため，日当たりのよい場所に置いて育てます。
・室内で種まきをし，本葉（ほんぱ）4～5枚まで栽培した後，プランターに定植して屋外で管理します。
・水やりは，朝に必ず行います。夏は，朝と夕方の2回行います。また，利用者が水をやる場合は，作業しやすい高さの安定した台や場所にプランターを置きます。

Ⅱ ●生活場面別レクリエーション　応用編

[進め方]
① 培養土を入れたポリポットに 3 粒ずつ種をまき，日当たりのよいところに置きます。
② 発芽後は，最も生育がよい芽を 1 本残し，残りは間引き（生育がよくないものを抜くこと）をします。週 1 回，追肥（肥料を間をおいて与えること）をします。 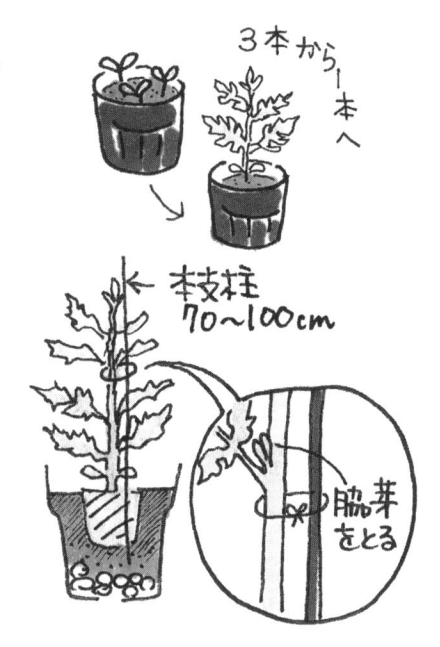
③ はじめに出る葉は楕円形の「双葉」で，やがて切れ目が入った「本葉」になります。本葉が 4〜5 枚になったらポリポットからはずし，プランターに 2〜3 株，等間隔にバランスよく植えます。風で倒れないように，高さ 30cm 程度の仮支柱（生育の途中で立てる支柱。木，プラスチック可）を立てて，ひもで結びます。
④ 脇芽（本葉の上から出てくる葉）が出たら手でつみ取ります。さらに生長して草丈が 30cm 程度になったら，トマトの高さに合わせて長い本支柱（70〜100cm 程度）を立て，花（実）のつく下あたりに，少しゆるめ（しめつけない程度）にひもで蝶結びをして結びます。

★応用
　プランターに植えることで室内での活動がしやすくなりますが，施設内に畑や花壇がある場合はそこにも植えると，プランターの場合との育ち方の違いを知ることで育てる楽しさも増します。


（ピクルス作り）
●準備するもの 
・ミニトマト（青い未熟な小さなトマト中心）　20〜30 個
・酢（100cc）　　・水（50cc）　　・白ワイン（50cc）
・砂糖（大さじ 2）　・塩（小さじ 1）　・赤唐辛子（1 本）
・ローリエ（1 枚）　・黒コショウ（少々）　・ニンニク　1 片
・鍋　　　　　　　・卓上コンロ　　　　・密封できるビン

[配慮すること]
　利用者が火傷をしないよう，また服の裾や袖に火が移らないように気をつけましょう。
※袖口が広がらないように，エプロンよりもかっぽう着を着ることをおすすめします。

[進め方]
① トマトを入れるビンは，あらかじめ熱湯で消毒し，乾かしておきます。
② 酢，水，白ワイン，砂糖，塩，赤唐辛子，ローリエ，黒コショウ，ニンニクを，すべて鍋に入れて強火で煮立てます。
③ トマトをよく洗い，乾いた布で水分をふきとります。
④ トマトをビンの中に入れ，②の煮立てたものも流し込みます。
⑤ 10 日〜 2 週間，冷暗所に置きます。

# 16 スプラウトの栽培

季節 一年中

育てて味わう園芸療法的レクリエーション②

　スプラウトとは新芽のことで，一般的にはカイワレダイコンやモヤシなどがあり，季節に関係なく，土を使わずに室内で育てられます。種まきから7〜10日で食べられます。生長と収穫を短期間で楽しむことができます。

[方法]
　室内で，座位で行います。

[主なねらい]
・植物を種から育て，実を収穫することにより，責任感や役割を見出します。
・種をまいてから食べるまでを想像したり，話をして，植物が成長する楽しさを感じ，興味を持ってもらいます。

[配慮すること]
　スプラウトにできる種には，大きく分けて，カイワレダイコンのように収穫前に光を当てて緑色にするものと，モヤシのように光を当てずに白色に育てるものの2種類あります。使用する種の種類と育て方を間違えないようにしましょう。

[進め方]
　**パックで育てるスプラウト**
●準備するもの
・イチゴのパックなどの空容器
・脱脂綿
・カイワレ系スプラウトの種子
　（ブロッコリー，ダイコン，ルッコラ，レッドキャベツ，マスタード，そば，ひまわり）

●育て方
① 容器の底にキッチンペーパーをしき，しっかり水で湿らせ，重ならないように種をまきます。

② 暗い場所に置き，霧吹きなどで水をやりますが，やりすぎには注意します。根が張ってきたら，直接容器へ水を注ぎます。水は毎日取り替えるようにします。

③ 5〜6cmほどに伸びたら，日当たりのよい窓際に置き，日光を当てて緑化させます。

④ 7〜10日の間で収穫できます。

根が張れば直接水を入れ替えてもOK．

### ビンで育てるスプラウト

●準備するもの
・広口のビン　・ガーゼ　・輪ゴム
・モヤシ系スプラウトの種子
　（白ごま，アルファルファ，グリーンマッペ，ブラックマッペ，大豆，緑豆）

●育て方
① 種を水洗いし，ゴミを取り除きます。小さな種はガーゼで包んで洗います。

② 種同士が重ならないようにビンに入れ，種の5倍位の水を入れて一昼夜吸水させます。その際に，かき混ぜて浮いてくる種は未熟で，発芽するのに十分な能力がないため，取り除きます。

③ 吸水後（種は約2倍の大きさにふくらみます），ビンの口をガーゼで覆い，輪ゴムでとめて，水をしっかり切ります。

④ 暗い場所に置いて，栽培管理をします。
※光を遮断できればよいので，段ボール箱などをかぶせます。

⑤ 収穫まで毎日数回，ビンに水を入れてやさしく振り洗いをし，水を切ります。

⑥ 7〜10日ほどで収穫できます。

1日に数回　水の取り替え

段ボールで暗くする

7〜10日で収穫！

## ● アロマセラピーを取り入れたレクリエーション ●

　ひのきやペパーミントの香りをかいですっきりしたり，しょうがやゆずの香りに刺激されて食欲がわいたりしたことはありませんか。また，山や公園の木々の中を歩いているときに深呼吸をすると，すがすがしく晴れやかな気分になったりと，生活の中で香りにふれることは多いものです。これらも広い意味の，アロマセラピー（aromatherapy）と言えるでしょう。
　家や施設の中でも，自然の中で深呼吸したように気持ちが落ち着いたり，気分転換できたらよいですね。例えば食卓で「ゆずの皮＋お湯」の芳香を楽しむことにより，食欲がわき，リラックスして食事ができたら，利用者とスタッフの双方にとって気持ちのよい食事時間になります。

　アロマセラピーとは，芳香（アロマ）と療法（セラピー）を合わせた言葉です。ここで言う芳香とは，主に水蒸気蒸留法で植物からとる精油の香りのことです。精油には，植物の持つ生命エネルギーが凝縮されています。
　この精油の香りと成分が，心の健康や，身体の分泌腺ホルモンなどの分泌を促します。精油をキャリアオイル（植物油）で希釈＊して身体のマッサージに用いて，心身を健全にする方法もあります。植物のエネルギー（ひいては，自然や大地のエネルギー）を身体の中に取り込んでいく療法と言えるでしょう。
　　　　　　　　　　　　　　　　　　　＊希釈：体の中に入りやすいように薄めること。

　アロマセラピーは，長い間ヨーロッパを中心に行われてきました。そのため，日本ではなじみのない植物や香りもありますが，高齢者には，「冬至の時期はゆずの香り」「端午の節句は菖蒲の香り」など，日本の四季折々のなじみのある芳香で心まで温まっていただいたり，香りを通して昔を思い出していただけたらと思います。
　日本語では，よいにおいを「香り」と表現したり，「におい」もよいものを「匂い」，いやなものを「臭い」と漢字を使い分けたりします。また，「残り香（ノコリガ）」「聞香（キキコウ）」という美しい言葉もあるほどに，生活の中にお香や匂い袋などを取り入れてきました。優美な表現の中で生きてこられた高齢者の方々に，以前親しんだ香りをもう一度感じていただくことで，様々な反応が返ってきます。
　香りを1つずつ感じることで，過去の出来事などを思い出し，それが言葉として出てきます。そして，昔のように気持ちがはつらつとして，洋服の色が明るくなったり，お化粧をされるなど，香りを感じ取ることで心の引き出しを1つ，また1つと開くことができるでしょう。

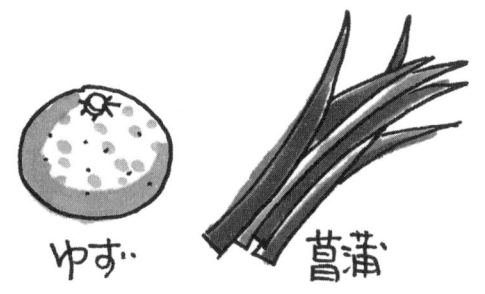

　様々な香りやにおいにふれ，においの引き出しを多く持つことは，生活をする中でも大切なことだと思います。
　香りを意識することで，だんだんとその違いがわかるようになり，嗅覚が刺激されます。そして，傷んだ食品をかぎわけられるようにもなり，間違って食べることも少なくなるでしょう。
　アロマセラピーを行うと，高齢者と一緒におられる方，またケアをする方の体内にも，芳香物質（植物の中で作られる芳香を持つ物質）が入っていきます。みんながリラックスでき，明るく，笑顔が出やすくなるのも，アロマセラピーの魅力です。香りと楽しくつき合いながら，一人ひとりが心地よいと感じる香りを選んで，生活に取り入れてほしいと思います。

Ⅱ●生活場面別レクリエーション　応用編

## ●高齢者が好む香り

　高齢者が親しんできた香りや懐かしい香りを日々の生活の中に取り入れることで，さりげなく香りを楽しんでいただけます。

　香りは，脳がキャッチしますので，脳の活性化にもつながります。みかんやゆず，ひのきなど，和の香りの精油を取り入れ，昔かいだ懐かしい香りをかぐことで，当時の思い出や記憶を呼び覚ますことも期待されます。

〈生活に取り入れやすい精油の種類〉

- スィートオレンジ（食欲増進・筋肉痛緩和）→「みかん」と感じる
- ゆず（食欲増進・風邪予防）→ 冬至の思い出がよみがえる・温かさを感じる
- ひのき（頭がすっきりする）→ 森林にいるときのようなすがすがしい気持ちになる
- しょうが（ジンジャー）（食欲増進・健胃作用）→ 食欲を感じる

## ●オイルトリートメント（マッサージ）

　精油とキャリアオイル（植物油）を用いるオイルトリートメントは，皮膚を通して精油が身体の中に直接入り込みます。

　身体の緊張をほぐして，心身ともにリラックスすることができます。また，マッサージをして肌がふれ合うことで，人の温かさも感じ取ることができます。

〈オイルトリートメントの効果〉

① 皮脂腺の働きを高めますので皮膚の艶がよくなり，皮膚を健康的にしてくれます。
② 血管，リンパ節，リンパ管，体内組織にある老廃物や不要な水分を排出しやすくします。結果として免疫機能を向上させます。
③ 新陳代謝を高めますので，太りすぎの予防になります。
④ オイルを用いてふれることは，心地よさを生み，神経の疲労感を緩和させます。
⑤ 神経系（とりわけ自律神経，脳脊髄神経）の協調を促します。
⑥ 患部の苦痛を和らげます。

〈トリートメントオイル（マッサージ用オイル）の作り方〉

　高齢者の肌は吸収力が少ないため，肌にオイルが残ることがあります。そこで，下の①②のように，水分を入れて乳液のような感じにしてトリートメントすることをおすすめします。水分が肌に入ることで肌がやわらかくなって，精油の成分が入りやすくなります。なお，トリートメントオイルを初めて使用する際は，皮膚に刺激を与えないために，精油を加えずに行います。

① スイートアーモンドオイル（キャリアオイル）10cc ＋ 植物乳化剤（エミルジオ）15cc
　　　＋ ローズウォーター or オレンジフラワーウォーター 15cc ＋ 精油 1〜2滴
② マカダミアナッツオイル（キャリアオイル）1cc ＋ 植物乳化剤（エミルジオ）15cc ＋ 植物ジェル 5cc
　　　＋ ローズウォーター or オレンジフラワーウォーター 15cc ＋ 精油 1〜2滴

※精油は，原液を直接使用すると，刺激が強く肌が荒れたりすることがあるため，使用前に必ず説明書を読み，指示された適切な分量でお使いください。

# 17　睡眠時用のリラックスサシェ（匂い袋）

睡眠時，就寝・起床時の香りの演出レクリエーション

　枕元に西洋の匂い袋である「サシェ」を置き，就寝時にほのかな香りを演出します。サシェの心地よい香りがリラックス効果を生み，ゆっくりした睡眠とさわやかな目覚めをもたらします。

［方法］
　就寝時に，サシェを置きます。

［主なねらい］
・リラックスしてゆっくり睡眠をとり，目覚めをよくします。
・精油の効果を，呼吸器を通して効率よく身体に取り入れます。

●準備するもの
・ハーブティーの葉（乾燥）（または，カキの葉，緑茶の葉などの茶葉）30～50g
・ジッパーつきの厚目のビニール袋
・市販のお茶パックや不織布の袋
・精油（ラベンダー：リラックス，カモミール：不安緩和，ローズウッド：精神疲労緩和　など）2～3滴
・ガーゼのハンカチ

［配慮すること］
・サシェに使用する香りは，刺激が強いものもあるため十分に気をつけて，精油2～3種類の中から選びます。好ましいと感じる香りは，現在の身体の状態に合っている香りです。
・サシェに入れる香りを濃くすると，刺激が強すぎてしまう場合がありますので，ほのかに香る程度の香りに調節します。
・サシェ内の葉は，かびるなどの恐れがあるため，1週間に1度取り替えます。
・精油の香りを選ぶときに，原液をティッシュにつけてかぐなど，誤飲などがないように取り扱いに気をつけます。

## [進め方]

① ハーブティーなどの葉と，好みの香りの精油を選びます。

② 茶葉をジッパーつきの厚目のビニール袋に入れて，精油を入れます。しっかりとジッパーを閉めて，ゆっくりと振ります。
※普通のビニール袋だと薄いため，精油と茶葉がなじむ前にビニールを通して香りが外に出てしまいます。

③ 精油を茶葉になじませるために，1時間ほど置きます。

④ お茶パックや不織布の袋に，精油をなじませた茶葉を入れます。その袋をガーゼで包みます。

⑤ ④をサシェの袋や小さな布袋（手作りするとよい）に入れます。

⑥ 出来上がったサシェを枕元や枕の下に置きます。

## ★応用

・ティッシュやハンカチに精油を1～2滴しみ込ませたものを枕に入れると，手軽にサシェと同じ効果が得られます。
　※ティッシュやハンカチにしみ込ませた精油の香りはすぐに消えてしまいますので，1日で交換します。
・洋服のポケットや外出時のカバンにしのばしておいても，香りを楽しむことができます。
・お手玉や座布団（クッション）の中に，サシェや精油1～2滴をしみ込ませたティッシュ，綿などを入れます。
　お手玉を握ったり，座布団に座った人の温かさで香り，芳香物質が身体に入っていきます。
・額縁の裏に精油をしみ込ませたティッシュや布を貼りつけても，ほのかに香りがします。

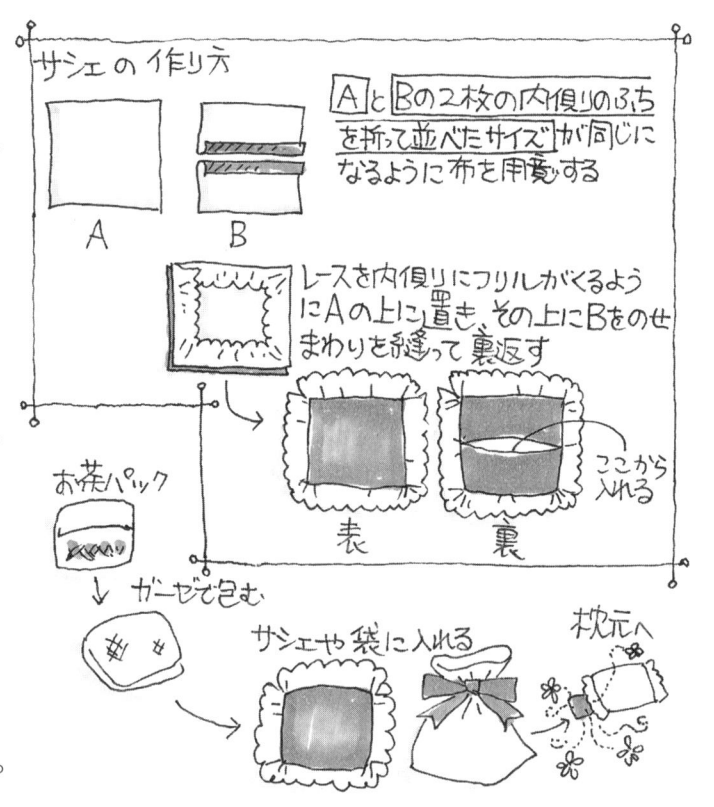

## 18　火を使わないアロマカップ

食事時の香りの演出レクリエーション

香りを楽しみながら食事をすると，脳が刺激されて食欲が出ます。食欲が出ると唾液も多く出て，食事をおいしく味わうことができ，「食事をする」という反応が脳からスムーズに出るようになります。

[方法]
　食事時のテーブルに，アロマカップを置きます。

●準備するもの
・カップ
・お湯（または，温かい緑茶）180cc
・ゆずの皮（または，りんごの皮）
　※果物の皮がない場合は，精油（ゆずなどの柑橘系）1～2滴を使用します。
・ガーゼ
・輪ゴム

[主なねらい]
・香りが脳を刺激して，食欲の増進を促します。
・リラックスして，穏やかな雰囲気の中でおいしく食事をします。
・脳を活性化し，表情が豊かになるようにします。

[配慮すること]
・精油を使う場合は，心地よく感じられる香りのものを使うようにします。また，香りが強くなりすぎないよう，使用する量に気をつけます（精油には使用する際の適量があり，多く使うほど効くということではありません）。
・アロマカップに入った水を間違って飲まないよう，カップにガーゼをかぶせておきます。

[進め方]
①　カップにお湯とゆずの皮を入れます。

②　カップにガーゼをかぶせて輪ゴムでとめます。

③　食卓の中心にカップを置きます。

## ★ポイント

- 精油は，万一口に入れてしまった場合のことを考えて，「食品添加物」の表示のあるものを使用することをおすすめします。
- 食欲が増し，心が明るくなる香りには，柑橘系（みかん，ゆず），しょうが，ゴマ（ビタミンE：内臓によい）などがあります。

  ※ユーカリなど，後に苦味が残るものは刺激が強すぎますので，食事前に使用するのはさけます。

## ★応用

- カップ以外にも，浅めの器に水を入れて花を飾り，まん中にお湯と精油2滴を入れた小さな陶磁器やガラスの器を置くと，10分ほど芳香を放ち，見ても楽しめる演出になります。
- お皿のふちにゆずの皮やしょうがを直接こすりつけても，香りがして食欲がわきます。

### スプレーを使って

食事の際の香りの演出として，もう1つ，スプレーを使う方法があります。

### ●準備するもの

- スプレー式のボトル
- 水　100cc
- 精油　5滴まで
  （ローズマリー：殺菌効果・脳の活性化，ティーツリー：殺菌効果・抗ウィルス　など）

### ［進め方］

① スプレー式のボトルの中に水と精油を入れ，軽く振って混ぜます。

② 食事前に食卓にスプレーして，ふき取ります。また，テーブルクロスにスプレーしてもよいです。

### ★ポイント

- 精油のローズマリーやティーツリーには殺菌効果もありますので，食卓のほか，床などのふき掃除にも使えます。
- 食卓のほかにも，用途に合った香りを選んで，寝室や玄関，トイレなど，様々な場所にふきかけて使用できます。カーテンやタオルなどにも軽くふきかけると，ほのかに香ります。

# 19 香りを楽しむ手浴・足浴・入浴

入浴時の香りの演出レクリエーション

入浴はお湯で身体が温まるので，精油を使用すると身体の中によく吸収されます。また，緊張した神経や身体をほぐしてくれます。入浴が好きな高齢者も多いと思いますので，手浴や足浴，入浴で，ゆっくりと身体を温めて，リラックスした時間を過ごしましょう。また，スタッフも香りを一緒にかぐことでリラックスできます。

[方法]
　入浴剤を作り，手浴，足浴，入浴時に使います。

[主なねらい]
・肌を強くして，保湿効果を促します。
・血行をよくして，脳を活性化させます。
・気持ちが落ち着き，リラックスします。

[配慮すること]
・かぶれなどの症状が出た場合は，すぐに使用をやめて，医師に相談します。
・長い間お湯につかるとのぼせてしまうことがあるので，体調や体力に合わせて入浴します。

〈入浴時に合う精油〉
・ラベンダー，カモミール：痛みを鎮める，リラックスする，心を落ち着かせる
・ローズマリー，ひのき：心を元気にする，脳を活性化させる
・ゆず，ペパーミント：胃をリラックスさせる，心を明るくさせる

（手浴）
●準備するもの
・洗面器（手首まで入り，手が広げられる大きさ）　・お湯（40度）　・タオル
・精油　1～2滴まで
・植物乳化剤（アルシラン）（または，ハチミツか牛乳）　大1

[進め方]
① お湯を入れた洗面器に，植物乳化剤と精油を入れます。

② 洗面器に手を入れ，温めます。タオルをたたんでクッション代わりに肘の下に置くと楽です。

③ 5～10分手を温めます。

④ 手浴後は，十分に手の水気をふき取ります。
また，肌がかさついているときは，少量のスイートアーモンドオイルやマカダミアナッツオイルをぬると，保湿効果があります。

★ポイント
・肘の下に置くタオルに，精油入りの水をスプレーでふきかけたり（p.51参照），サシェを入れると（pp.48～49参照），そこからも香りがただよい，効果が一層上がります。
・手を温める際にスタッフが手のマッサージをすると，さらに血行がよくなり，肩のこりが軽減されるなどの効果も出ます。マッサージは，リンパの流れに沿って，手の平の指の間から手首へ軽くさすり，ゆっくり腕の方へ上げます。

（足浴）
●準備するもの
・ひざ下まで入るバケツ
　（または，足浴専用のバケツ）
・お湯（40～42度）　・タオル
・精油　2～3滴まで
・植物乳化剤（アルシラン）
　（または，ハチミツか牛乳）　大1

［進め方］
① 足首までつかる量のお湯を入れたバケツに，植物乳化剤と精油を入れます。

② バケツに足を入れ，5～10分間温めます。

③ 足浴後は，十分に足の水気をふき取ります。また，肌がかさついていたら，少量のスイートアーモンドオイルやマカダミアナッツオイルをぬり込みます。その後，オイルが足に残っていると滑る危険性があるため，ふき取ります。

★ポイント
・腿の下に精油入りの水をスプレーしたタオルをしいたり，サシェを入れた座布団に座ると，一層香りの効果があります。
・マッサージは，足首から腿の方へ軽く行います。アキレス腱などにはさわらないようにします。

> 入浴

●準備するもの
・植物乳化剤（アルシラン）（または，ハチミツか牛乳）　大1
・精油　1～5滴まで

［進め方］
①　お湯が入った浴槽に，植物乳化剤と精油を入れます。

②　浴槽に入り，身体を温めます。

③　入浴後は，十分に身体の水気をふき取ります。また，精油は入浴中に体内へ入っていくので，シャワーなどで身体を洗い流しても効果は失われません。

★ポイント
　マッサージは，手先や足先からゆっくりと，心臓の方へ向かって軽く行います。疲れない程度にします。

## ＊　アロマセラピー豆知識　＊

　香りは，様々な経路で身体の中に吸収されます。どのように身体へ入るかを理解することで，アロマセラピーを一層有効に生活の中に取り入れていただきたいと思います。

### 香りの身体への吸収経路

・鼻からかぐ場合
　鼻→大脳辺縁系→内分泌系・自立神経系
　→記憶・感情を活性化
・皮膚から浸透する場合（精油を使用した入浴やアロママッサージなど）
　皮膚→全身を循環→すべての組織→老廃物を排出
・口から取り込む場合（ハーブや植物系のキャンディー，うがい薬など）
　口→消化器系→すべての組織→老廃物を排出
※体内から老廃物が出るため，身体や肌が若返り健康になります。

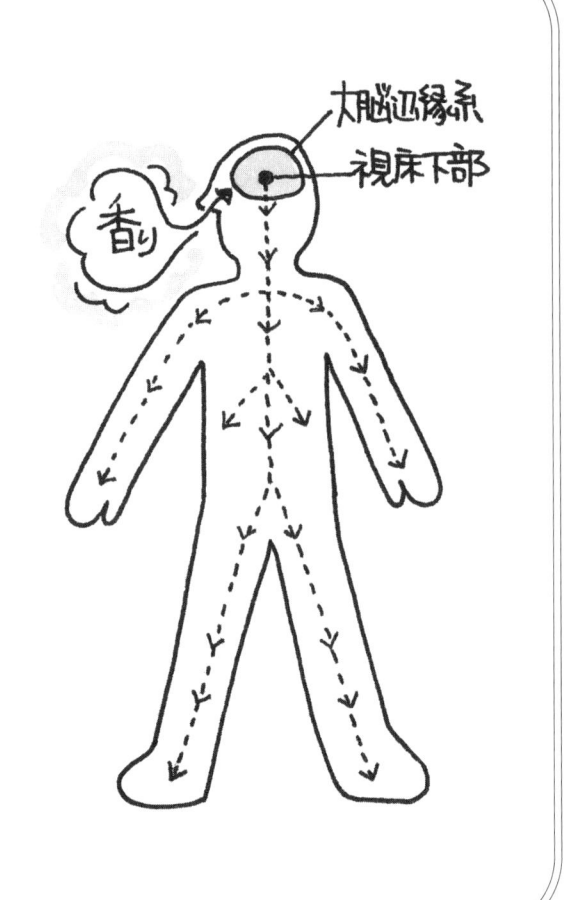

## 20 脱臭・殺菌効果のあるトイレ用スプレー

排泄時の香りの演出レクリエーション

普段からトイレに精油入りの水のスプレーボトルを置いておくと，すぐに使うことができます。よい香りがするだけでなく，殺菌の効果もあります。

［方法］
トイレ用に精油入りの水を作ってスプレー式ボトルに入れ，使用します。

●準備するもの
・スプレー式ボトル
・水　200cc
・アルコール（消毒用）　5cc
・精油：ローズマリーやティーツリー　5滴まで（または，ラベンダー　7滴まで）

［主なねらい］
・芳香と消臭，殺菌の効果があります。
・皮膚から精油を直接入れ，保湿して弾力のある肌にし，マッサージで皮膚を丈夫にすることで，床ずれ予防にもつながります。
※ローズマリー，ティーツリー，ラベンダーの3種の精油すべてに，殺菌効果と皮膚を丈夫にするよさがあります。

［配慮すること］
かぶれなどの症状が出た場合，すぐに使用をやめて，医師に相談します。

［進め方］
① 水とアルコールと精油をスプレーボトルに入れて，軽く振って混ぜ合わせます。

② トイレに置き，使用後の臭い消しや，ふき取り掃除に使用します。また，トイレットペーパーにスプレーして，臀部をふくこともできます。

★ポイント
風邪が流行る時期，様々な人が出入りするトイレで殺菌効果が特に高いティーツリーの精油入りの水を入れたスプレーを使用すると，風邪予防にもなります。また，部屋や玄関にスプレーしても同じ効果が得られます。

## ● 音楽表現レクリエーション ●

"一緒に歌い　一緒に笑い合う
　それだけで嬉しくなる　ほっとする"

　このような気持ちは，その時，その場にいる方たちが，お互いの"その人らしさ"を共有し，認め合っているからこそ，感じるものだと思います。

　自分の気持ちを表に出さず，もしくは出せずに，抱え込んでしまっている人が多い世の中で，ありのままの自分をさらけ出すのは大変勇気のいることです。特に高齢の方は，今までに築き上げてきたプライドや世代特有の社会・文化的背景がじゃまをしたり，「人様のお世話になっている」という引け目から（引け目を感じる必要はまったくないのですが），自分の気持ちを言わずに我慢してしまうことが多くあります。そこでいきなり「さあ，皆さん，何でも思ったことを言ってくださいね」と言われても，本人は戸惑うばかりだと思います。
　少しずつ，「ああ，今はありのままの自分でいてもいいのだ」と思っていただける時間や場所を創り出していくことが大切です。
　音楽表現活動を，そんな場作りの1つの方法として活用していただければと思います。

　一緒に歌い，笑い合うことで，気持ちも楽しくなり，きっと誰かとおしゃべりしたくなるでしょう。おしゃべりするとのどが渇き，お腹もすきます。たっぷり水分補給をして，たくさん食べれば，すっきり排泄もできます。ほどよい疲れが出て，夜もぐっすり眠れます。表情も豊かになり，心身ともに元気がわいてきます。
　そして，本人がいきいきと生活をしていたら，家族や周りの人もみんな楽しく，心地よくなると思います。

### ●創造的な音楽表現レクリエーションとは

　音楽表現レクリエーションは，「音楽療法」と呼ばれる活動の目的・効果を基礎としながらも，もう1歩踏み込んで，人間としてのあり方を探求していく活動です。その特徴は次のようなものです。
　　① リズムと言葉を重視した能動的（自主的）表現活動
　　② 自己への気づきと受容
　　③ 他者との関わり
　　④ 創造性の開発
　表現とは，わき起こってくる感情や感覚を自分が感じたまま，思ったままに自由に表出する身体活動であり，人は表現することで自己の存在を実感しています。
　様々な形態の音楽的活動を通して，一人ひとりの"今，ここ"で生まれる気持ちを表現し，身体的・精神的・社会的健康の実現のための予防，回復，およびその健康の維持，向上，そして自己実現へとつなげていきます。

　ここでは，創造的な音楽表現レクリエーションの具体的な内容と展開例を紹介します。

Ⅱ ●生活場面別レクリエーション　応用編

# 21　ボディパーカッション

食事前に楽しむ音楽表現レクリエーション

　自分の身体を打楽器のように叩いたり，こすったりして音を出します。リズムをとり，音を出すことを意識するうちに，楽しみながら身体が動いてきます。身体を刺激して活発にすることで，のどが渇き，お腹もすき，食欲がわきます。

[方法]
　お互いが見えるよう円になり，座位で行います。

[主なねらい]
・身体の各部分を意識します。身体を動かす楽しさを味わいます。
・どのように身体を使って音を出すかを考え，自己表現をします。
・仲間との関わりを意識します。また，注目され，認められる体験をします。

[配慮すること]
　身体の動きによっては転倒の恐れもあるので，スタッフは身体を支えるなどの注意が必要です。

[進め方]
① リーダーは，手拍子，指ならし，足音など，身体の部分を叩いたり，こすったりして音を出します。みんなでリーダーの鳴らし方をまねします。

② 利用者にも1人ずつ順番にリーダーになってもらい，行います。

★ポイント
　順番にリーダーを行う場合，1つの動作が続いても，人によってやり方や音の出方がそれぞれ違うので，「○○さんの音は少し高めですね」などと違いを楽しみながら進めていきます。

★応用
　リズムパターンをまねしたり，みんなで自分の好きな音を自由に出して合奏したりします。

## 22　音のかくれんぼ

身近な素材で楽しむ音楽表現レクリエーション

　音はどんなものからでも生まれてきます。日常生活で使っているものでも，音を鳴らしてみるとなじみのある音から今までに聞いたことのない音まで，様々です。音が鳴っている方向や違いを聴き分けるゲームを通して，生活の中で聞こえる音を意識します。

[方法]
　座位の状態で行います。

[主なねらい]
・聴覚を刺激します。
・空間的感覚の向上を促します。
・生活場面の音を聴き分けます。音の方向と音源を聴き分けることにより，水の出しっぱなしややかんのかけっぱなしの防止，パトカーや消防車のサイレンに気づくなど，災害への意識づけにもなります。

[配慮すること]
・雑音が聞こえないように窓やドアを閉めるなど，音に集中できるような環境作りをします。
・事前に利用者の聴力をアセスメントします（難聴の方には，はっきりした音を出すといった配慮や，どの程度の音がわかるかの確認が必要です）。

[進め方]

音のかくれんぼ1　音の方向当て

① 利用者は円になって座るか，それぞれ好きな場所に座り，目を閉じます。スタッフは「どんな音が聴こえるか，少し耳をすましてください」と声をかけます。

② スタッフは，利用者の周りや間を移動しながら音を出します。利用者は，目を閉じたまま音が聴こえる方向を指さしていきます。スタッフの声かけにより目を開けてもらい，音が聴こえた場所を確認します。

## II ●生活場面別レクリエーション　応用編

（音のかくれんぼ2　音のもの探し）

① 利用者は目を閉じます。スタッフは普段の生活の中にある身近な音を鳴らします。

② 目を開けてもらい，聞こえてきた音は何の音か尋ね，部屋の中や生活をしている中で聞こえる音から探してもらいます。

★ポイント
・音は1度だけではなく，イメージできるように何度も鳴らします。
・慣れてきたら，音を鳴らす役を利用者にやってもらいます。

★応用
　聞こえた音からイメージをふくらませ，情景を想像します。例えば，「火の用心」の拍子木の音や，風鈴，波などの季節を感じる音など，どんな音に似ているかを話し合います。

＊聞く：無意識に，または自然に，音が耳に入ってくること。
　聴く：意識して音や話に耳を傾けること。

## 23　音楽すごろく

**個別に楽しむ音楽表現レクリエーション**

　すごろくを作ったり，できたすごろくで遊んだりしながら，じっくりと向かい合って関わりを深めます。昔を思い出して話に花を咲かせながら，楽しい時間を過ごしましょう。

［方法］
　座位の状態で，すごろくを作り，スタッフと1対1で遊びます。

●準備するもの
・模造紙1/2枚（または，A2サイズかA3サイズの紙を2枚つなげたものなど）
・サイコロ
・ペットボトルのフタ（コマ用）

［主なねらい］
・すごろくを作ったり遊んだりすることを通して，創造性の向上を図りながら，コミュニケーションを深めます。
・一定の時間同じ姿勢ですごろくをすることで姿勢の保持につながり，歌ったり話したりすることで発声を促します。
・すごろくのルールを理解し，勝負の楽しみや達成感を味わいます。

［配慮すること］
・コミュニケーションをとりながら，利用者の自主性を引き出していきます。
・すごろくの課題の中には，日常動作の向上につながることも，意識して盛り込んでいきます。

※例えば，手首を多く動かす手遊びを取り入れると，手首が柔軟になり，茶碗やはしを持つ動作に役立ちます。

[進め方]
① 思い出の歌や好きな曲にまつわる話などを聞きながら，スタッフはメモします。

② 「音楽すごろく」を作ります。
1．模造紙にすごろくの図を自分の好きなように書き，いくつか課題を出すマスを作ります。
2．スタッフがメモしたことを参考に，音楽に関係する課題を利用者と一緒に考え，マスに書きます。
　　例：「子どもの頃よく歌った歌を，歌ってください」
　　　　「好きな曲を聴いてひと休み（1回休み）」
　　　　※歌や曲のカセットテープ，CDなどを事前に用意します。
　　　　「リズムにのせて，早口言葉を言ってください」
　　　　「"あ"から始まる歌を歌いましょう」
　　　　「身近なものを割りばしで叩いて音を出しましょう」
3．コマを作ります。ペットボトルのフタの上にシールやビニールテープ，色紙などを貼ります。

③ 完成したすごろくで遊びます。課題の書かれたマスに止まった人は，それを行います。そして，歌などから引き出される思い出を話しましょう。

★応用
・自分のすごろくと他の方のすごろくを交換したり，一緒に遊び，コミュニケーションを深めます。
・一人ひとりのオリジナルの「音楽すごろく」ですが，課題をみんなで一緒に考えたりして，共同制作もできます。

## 24 ステンレスボウルの音楽

グループで楽しむ音楽表現レクリエーション

　100円ショップで売られているステンレスのボウルを楽器にして，スティック（棒）で叩いて，みんなで音の響きを楽しんだり，合奏や歌に合わせて演奏する楽しさを味わいます。

[方法]
　テーブルを囲み，座位で行います。

●準備するもの
　1人につき，ボウル1つとスティック1〜2本

[主なねらい]
・仲間との関わりを意識します。
・音を出すことや表現することによって，気持ちを発散します。
・創造性を刺激し，自己表現を促します。

[配慮すること]
・ボウルは，扱いやすさを考慮して，直径25cm位までの小ぶりのものを何種類か用意します。
・ボウルを叩くとき，ボウルが滑ったりして安定しない場合は，滑り止めマットやタオルをボウルの下にしきます。
・スティックの材質は，割りばし，塗りばし，ラップの芯，鉛筆，丸材など，心地よい響きが出るものを選びます。
・手に麻痺のある方や握力がない方は，ひもを通したラップの芯を手や腕に固定したり，引っかけて揺らしてボウルに当てると，音を鳴らしやすいです。また，スタッフは棒が当たりやすい位置でボウルを持つなど配慮します。
・音が響きすぎるときは，ボウルの中に小さいタオルやハンカチを入れると，響き方を調節できます。
・全員で鳴らしたときに適切な音量になり，お互いの音を聴きやすくするために，人数は12〜13人以下で行います。

Ⅱ ●生活場面別レクリエーション　応用編

[進め方]
① ボウルをスティックで叩いて自由に音を出します。ボウルを伏せたり，手に持ったり，叩く強さや場所を変えたりして音の出し方を工夫し，自分の好きな音を探します。

② 1人1回ずつ順番に叩いていきます。それぞれの音の高さや響きを楽しみながら，テンポを速くしたり遅くしたりして，様々なリズムやメロディーを作ります。

③ みんなで話し合いながら，順番に2回ずつ叩いたり，2～3人同時に叩くなど変化をつけながら行います。

★ポイント
慣れてきたら，利用者に音を出したり止めたりする合図をしてもらいます。

## ● 簡単リハビリを取り入れたレクリエーション ●

　「リハビリテーション」は，「歩くことや関節の曲げ伸ばし」＝「機能（回復）訓練」だけではなく，一人ひとりの「その人らしい日々の生活の支援」も目的としています。
　介護に関わっている私たち一人ひとりにとって，「リハビリテーション」とはどういうものか，どのように生活に結びついていくのかなど，「日々の生活」と「支援」と「リハビリテーション」の関係をより深く理解することは，とても大切なことです。
　リハビリを必要とされる方の中には，身体的に何かしら「生活のしづらさ」をお持ちの方がいらっしゃいます。この「生活のしづらさ」を「生活障害」と呼びます。そして，この「生活障害」の手助けや支援を専門的に行う職種の１つが理学療法士です。

　「生活」とは何か辞書で引くと，「生きて活動すること」という解説があります。これを聞いて，みなさんは具体的にどのようなことを想像するでしょうか。食事，トイレ，お風呂，テレビ，仕事，趣味，嗜好品などは，どれも私たちの「生活」の中にあります。
　言葉や文字にすると２文字，３文字で終わってしまいますが，中身を具体的に表すと時間や場所，仕草や順序など，千差万別，十人十色です。さらにそれぞれの好き嫌いも含まれてきます。
　このような一人ひとりの違いが「個別性」であり，「その人らしさ」であると思います。そして，一人ひとりの「その人らしい生活」を尊重して手助けすることが，私たちの仕事なのです。
　日々の生活の中で，「その人らしさ」を重視して支援するためには，まず一人ひとりの「その人らしさ」を知らなくてはなりませんが，すべてを知ることは，とても難しいことです。しかし，相手の気持ちを常に考え，「不快感」を持たせない心地よい支援を心がければ，自然とその方に合った支援ができると思います。

　しかし，このときに気をつけたいことが１つあります。「上げ膳据え膳」や「至れり尽くせり」は，喜ばれるかもしれませんし，「不快」と思われないためには大切な方法かもしれませんが，「生きて活動すること」を考えるとどうでしょう。「動かない，動かさない」＝「不活動」は，その方の体力をさらに奪うことにもつながるのです。
　そうならないための方法の１つが「リハビリテーション」です。
身体の状況にも「その人らしさ」がありますので，工夫や応用をしながら，一人ひとりの身体や生活の状況に合った支援をしていきます。

　どうしたら日々の生活の支援の中で「不活動」を防いでいけるのかを考えるとき，関わっている方やスタッフが常に意見や状況を話し合い，把握し合うことが大切だと思います。同じ職場の中だけでなく，他の職場の方とも話すことで「チームケア」を行うことができ，「不活動の予防」に一役かってくれるでしょう。
　そして，利用者の皆さんに「不活動」にならない「生活」をいきいきと過ごしていただけるよう，お手伝いができればと思います。

Ⅱ ●生活場面別レクリエーション　応用編

# 25　腕上げ運動

就寝・起床時にできるリハビリ的レクリエーション①

　肩の柔軟性を維持することは，服の着脱や身体を洗うなど，様々な生活場面の動作を行うために必要です。寝ていながらできる運動ですので，寝る前や起きたときに行いましょう。

［方法］
仰向けに寝た姿勢で行います。

［主なねらい］
・肩，肘，手首および肩甲骨の動きをなめらかにします。
・首や肩の周りの筋肉の張りをほぐします。

［配慮すること］
　肩や肘などの各関節の動く範囲には個人差がありますので，一人ひとりの状態に合わせて，無理して行わないように気をつけます。

［進め方］
① お腹の前で両手を組みます。

② 組んだ手を，ゆっくりと肘を伸ばしながら上へ上げて，胸，顔の前へと移動させます。無理がなければ，頭の上まで持ち上げていきます。

③ 肘を伸ばした状態で顔や頭まで持ち上げた姿勢を，3～5秒間保持します。

④ ゆっくりと肘を曲げながら，組んだ手をお腹の上に戻していきます。

⑤ 5～10回程度，繰り返して行います。

ゆっくりと肘を伸ばしながら上へ

3～5秒保持

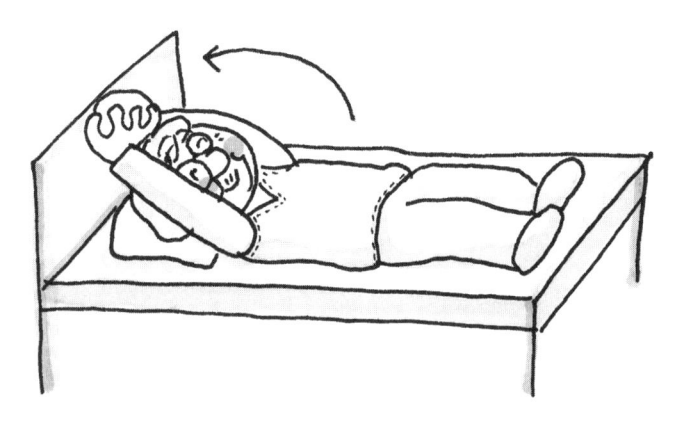

# 26 歩行のための足首運動

就寝・起床時にできるリハビリ的レクリエーション②

歩行のときに，平らなところでも少しつまずきやすくなったり，転びやすくなったと感じている方のための，転倒などの予防の意味も含めた運動です。寝る前や目が覚めた後の少しの時間に行ってみましょう。

[方法]
仰向けに寝た姿勢で行います。

[主なねらい]
・歩行時のつま先の引っかかりを改善します。
・足首の動きをなめらかにします。
・下半身の血行をよくします。

[配慮すること]
急に力を入れると，足が攣ることがありますので，ゆっくりと行うことを心がけましょう。

[進め方]
① 下半身の力を抜き，ゆったりとリラックスした姿勢をとります。

② 足のつま先を真っすぐ伸ばした状態から，つま先をゆっくりと上げて，お腹の方へそり返らせます。

③ そり返らせた状態で，そのまま3～5秒間保持します。

④ ゆっくりと元の位置までつま先を戻し，伸ばします。

⑤ 5～10回程度，繰り返して行います。

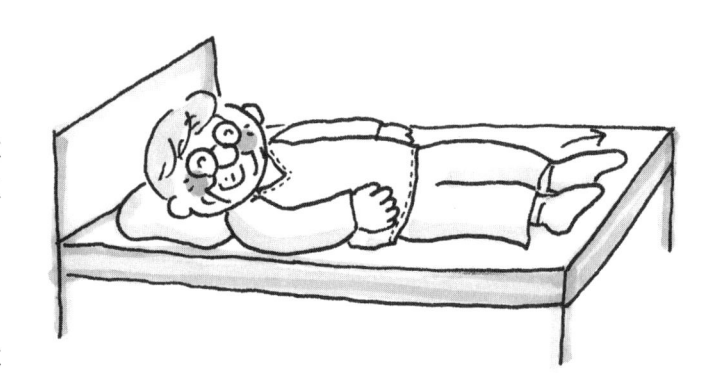

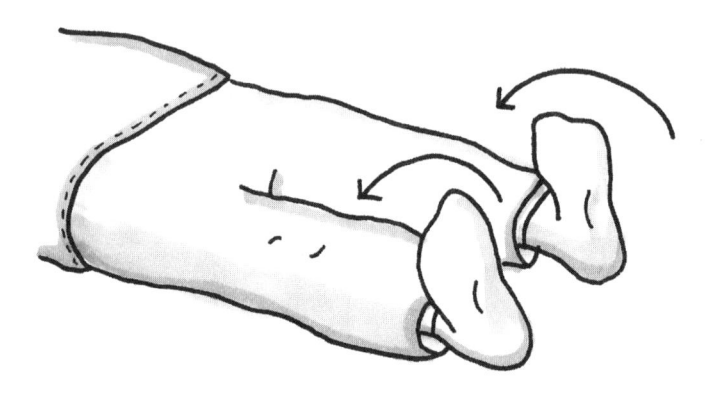

Ⅱ ●生活場面別レクリエーション　応用編

# 27　座位で行う腕上げ運動

食事の動作に必要なリハビリ的レクリエーション①

　毎日自分で食事をとることは，何ものにも変えがたい，心地よいことです。しっかりと茶碗やはしを持ち，食べたいものを自分でスムーズにとって食べることができるように，運動をします。

[方法]
座位で行います。

[主なねらい]
- 腹筋や背筋の力を強くします。
- 肩，肘，手首および肩甲骨の動きをなめらかにします。
- 食べ物を口に運ぶための動きを維持します。

[配慮すること]
　寝て行う運動と同様に，肩や肘などの各関節の動く範囲には個人差がありますので，一人ひとりの状態に合わせて，無理して行わないように気をつけます。

[進め方]
① お腹の前で両手を組みます。組んだ手を，ゆっくりと肘を伸ばしながら，頭の上へ持ち上げていきます。頭の上で手を伸ばした姿勢を，3～5秒間保持します。

② ゆっくりと肘を曲げながら，組んだ手を下へ下ろし，額の前で止めて，3～5秒間保持します。その後，額の前からさらに下へゆっくりと下ろしながら，鼻，あごの前でも手を組んだ姿勢を3～5秒間保持します。

③ 最後に，組んだ手をゆっくりとお腹の前に下ろしていきます。5～10回程度，繰り返して行います。

★ポイント
椅子の背もたれに寄りかからずに行う方が，強い運動になります。

# 28 前に伸ばしてみよう

食事の動作に必要なリハビリ的レクリエーション②

　お腹と背中の力をつけて，バランス能力を身につけることで，座った状態できちんと最後まで食事をとることができるようになり，遠くのものもとりやすくなります。お腹と背中を意識して運動しましょう。

[方法]
　座位で行います。

[主なねらい]
・座位の姿勢とバランスを保つことができるように練習します。
・お腹や背中の筋力を強くします。

[配慮すること]
　上半身があまり前に出ると，転倒や転落の危険があります。しっかりとした椅子に座り，スタッフが見守りましょう。

[進め方]
① 　胸の前で両手を組みます。組んだ手を，ゆっくりと肘を伸ばしながら，肩の高さまで持ち上げます。

② 　伸ばした肘と手の高さをなるべく同じに保ち，上半身を前へ倒しながら息を吐きつつ，手を前へ伸ばしていき，そのままの姿勢を3〜5秒間保持します。

③ 　肘を伸ばした状態でゆっくりと上半身を起こしながら，組んだ手が胸の高さになる姿勢に戻ります。5〜10回程度，繰り返して行います。

★ポイント
　動作に合わせてゆっくりと深呼吸をすることで，身体に余計な力を入れたり，息を止めて行うことがなくなります。

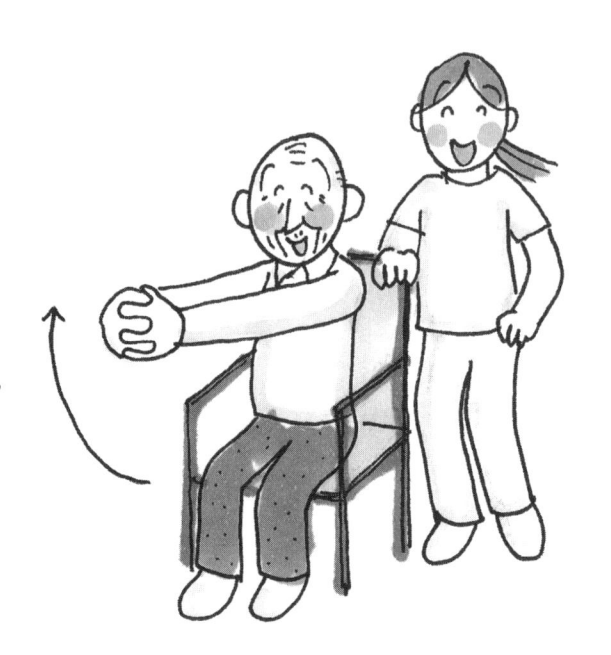

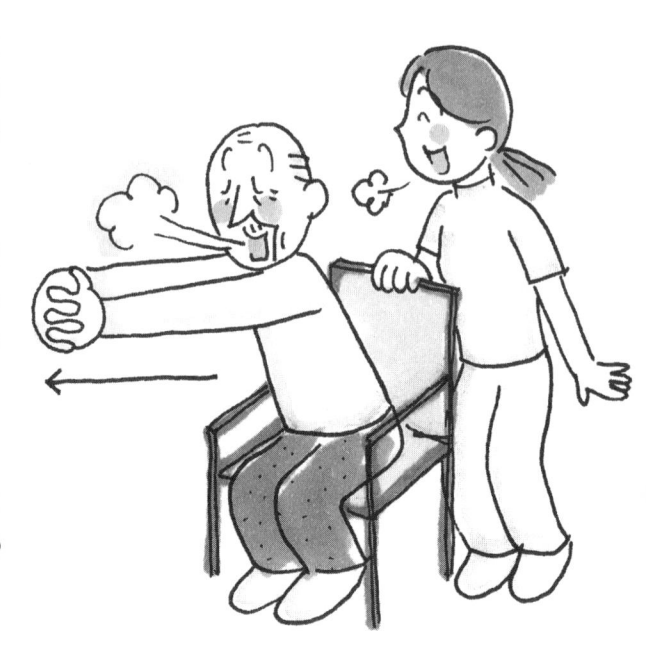

# 29 膝を動かそう

入浴・排泄の動作に必要なリハビリ的レクリエーション①

　しゃがむときや立ち上がるとき，膝を無理なく動かすことでスムーズに動作ができます。入浴やトイレで，安心して立位から座位へ，座位から立位への動作ができるように，運動を行います。

［方法］
　座位で行います。

［主なねらい］
・膝の動きをなめらかにします。
・足の力を強くします。

［配慮すること］
・膝の関節の動く範囲には個人差がありますので，一人ひとりの状態に合わせて，無理して行わないように気をつけます。
・急に足の力を入れると，攣ることがありますので，ゆっくりと行うことを心がけます。

［進め方］
① 椅子に深く腰かけ，手は腿の上に置きます。

② 片足の膝をまっすぐに伸ばし，つま先をゆっくりお腹の方へ向ける気持ちで上げていきます。

③ そのままの姿勢で，膝をしっかりと伸ばすことを意識しながら，3～5秒間保持します。

④ 足をゆっくりと床に下ろします。

⑤ 左右の足を合わせて10～20回程度，交互に行います。

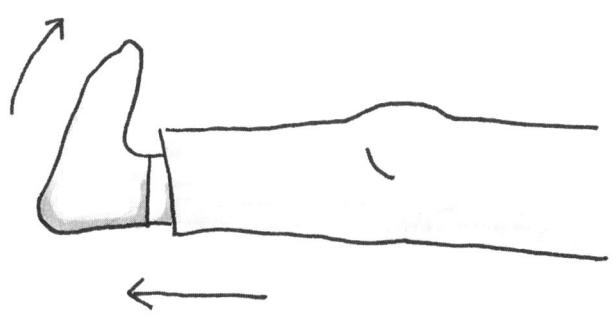

# 30　立ち上がりをスムーズにしよう

入浴・排泄の動作に必要なリハビリ的レクリエーション②

　しっかりと立つことができると，入浴時やトイレでの動作も楽に行うことができます。お腹や腿などにグッと力が入りやすいように，力をつけましょう。

[方法]
　座位の状態から行います。

[主なねらい]
・立位のバランスを保ち，ふらつきにくくなるようにします。
・お腹や背中，腿の力を強くします。

[配慮すること]
・足腰の力が弱いと，転倒の危険があります。立ち上がる際は，椅子や机など，しっかりとつかまれるものを用意し，スタッフはすぐに身体を支えられるように傍らで見守ります。
・急に立ち上がると，目まいや立ちくらみが起こる場合がありますので，一人ひとりの体調に気をつけながら行います。

[進め方]
① 椅子に浅く腰かけます。おじぎをするように少し前かがみになりながら頭を下げます。お尻から徐々に持ち上げて立ち上がります。

② 膝を伸ばしながら，ゆっくりと頭を上げ，背中を伸ばして立位の姿勢になります。

③ 立位の状態で，背中を伸ばすようにして，腿，お尻，お腹，背中にぐっと力を入れて，バランスを保つようにします。息を止めないように「1．2．3．……」と声に出して数えながら，そのままの姿勢を3〜5秒間保持します。

④ 再度，おじぎをするように前かがみになり頭を下げ，膝を曲げ始めて，ゆっくりとお尻が椅子につくように座ります。

⑤ 一連の動作を5〜10回程度，繰り返し行います。

Ⅱ ●生活場面別レクリエーション　応用編

# 31　腿に力をつけよう

着脱の動作に必要なリハビリ的レクリエーション①

　しっかりと安定した姿勢でズボンやくつ下などの着脱がスムーズにできるように，足の柔軟性を高める運動を行いましょう。

［方法］
　座位で行います。

［主なねらい］
・股関節や膝の動きをなめらかにします。
・歩行時に足を前に出しやすくします。

［配慮すること］
　股関節や膝の動く範囲には個人差がありますので，無理に動かす必要はありません。

［進め方］
① 椅子に深く腰かけます。

② 片足を，膝をまっすぐに伸ばしたまま，ゆっくり上へ上げます。その後膝を曲げてできるだけお腹や胸の方に引きつけていきます。手で抱えながらでも構いません。

③ その姿勢で，つま先をゆっくりと上方向に向けて，3～5秒間保持します。

④ ゆっくりと足を下ろします。

⑤ 左右の足を合わせて10～20回程度，交互に行います。

## 32 背中の筋肉を伸ばしてみよう

着脱の動作に必要なリハビリ的レクリエーション②

　上半身の動きがスムーズだと，服の着脱もしやすくなります。ゆっくりと背中を丸めたり，伸ばしたりする運動をしましょう。

［方法］
　座位で行います。

［主なねらい］
・座位のバランスを保つ練習になります。
・背中や股関節の動く範囲を広げます。

［配慮すること］
・あまり無理におじぎをすると，転倒や転落の危険があります。
・背中や股関節の動く範囲には個人差がありますので，無理に動かす必要はありません。

［進め方］
① 椅子に浅く腰かけます。左右の腿の上に手を置きます。

② 手で腿をさすり，そのまま腿から手を滑らせるように膝，すね，足首へと下ろしていきます。手の動きと一緒に，頭を下げ背中を丸めます。

③ できるかぎり背中を丸めておじぎをして，そのままの姿勢を3～5秒間保持します。

④ ゆっくりと頭を上げていき，手を下から上へ滑らせるように腿へ戻していきます。5～10回程度，繰り返して行います。

## ● 作業療法を取り入れたレクリエーション ●

　作業療法では，「意志・意欲・興味・関心」という各個人特有の心身の状態を捉え，「健康と幸せのために日常生活活動，仕事，遊びの作業をバランスよく行う」という自立生活に向けての治療的視点で，支援・援助などを行います。

　「日常生活活動」は大きく2つに分けられます。1つは，「日常生活動作（ADL）」で，セルフケアとも言われ，日常的に行う移動，食事，睡眠，入浴などの活動を指します。もう1つは，「日常生活関連動作（IADL）」で，日常生活動作に関連するすべての家事（調理，洗濯，掃除など），買い物，交通機関を使っての外出などの活動を指します。

　この「日常生活活動」は，対象者の意識や生活様式（文化）などとの関係が深いので，十分な注意が必要です。「遊び」を例にとってみると，子どもは，成長・発達の中で，遊びを通してものを使う技能や人と上手く交わる技能を獲得し，達成感を味わい，創造性を伸ばしていきます。一方，大人にとって遊びは，気晴らしや休息，自己能力の開発や発見，他人や家族とのコミュニケーションを深めるなどの意味を持ってきます。このように，対象者の年齢や環境によって，同じ活動の持つ意味が違ってくる場合があるのです。

　作業療法において大切なことは「作業は個人にとって意味のある活動でなければならない」という点です。その方にとって意味のある活動でなければ，作業療法で言う「作業」とはなりません。一人ひとりにとって意味のある活動を一緒に探し，協力して可能にしていくことが，最も大事です。そして，その手段の1つとしてレクリエーション活動があります。

　個別あるいは集団で行うレクリエーション活動は，医療機関や介護保険対応施設，地域活動においてよく行われており，作業療法プログラムの1つとしても欠かせない活動となっています。またここ数年は，健康を維持できるように，また介護が必要になった方が悪化しないようにと，介護予防や生きがい活動支援事業などにおいても，プログラムの1つとして様々なレクリエーション活動が展開されています。

　このような取り組みの広がりから，今後ますます介護予防から急性期，回復期，維持期，終末期，あるいは通所や通院，在宅などで，レクリエーション活動が必要となります。特に急性期では，基礎生活における生活のレクリエーション化の支援・援助が大切となり，回復期・維持期・終末期では，基礎生活における生活のレクリエーション化とレクリエーションの生活化の支援・援助が求められます。あらゆる状態の高齢者に対して，いろいろな関連職種の人と協力しながらレクリエーションの企画と運営に関わる機会が多くなります。

　作業療法におけるレクリエーション活動の種類には，暮らしの作業的なものや訓練・治療的なものなどがあります。

　これらのレクリエーション活動は，運動機能，感覚機能，知的機能，社会的機能，心理的機能などの要素を組み合わせて行います。

　利用者の生活のあらゆる場面において，「作業活動」と「作業の場」を通して「人と人との相互作用」を前述の各要素と関連づけながら，治療，訓練ならびに支援をします。そして，利用者の心身の健康につなげること，さらにQOL（生活の質）の維持・向上を図ることを目的としています。

## 33 日光を浴びて，睡眠リズムを整えよう

睡眠，就寝・起床を促す作業療法的レクリエーション

　年を重ねるにしたがって，だんだんと外出する機会が少なくなります。日光を浴びる時間が少なくなると，体内時計の調整も上手くいかなくなります。睡眠・覚醒リズムが崩れ，夜は眠れず，昼間はぼんやりして，夕方から夜中にかけて徘徊するといったパターンになり，認知症（痴呆）傾向が強まるケースが増えています。

［方法］
　目覚めたら，自然光を浴びます。

［主なねらい］
- 2,500～3,000 ルクス（照らされる面の明るさ）の光を浴びることで，自律神経が正常になり，生体リズムが調整されます。
- 熟睡できるようにして健康維持にもつなげます。

［配慮すること］
- 光を 2,500 ルクス以上得るには，自然光を利用するのが一番手軽です。ちなみに，直射日光は 10 万ルクス，どんより曇った日の光でも 1 万ルクスほどの明るさがあります。ガラス越しでも変わりませんが，目で「まぶしい」と明るさを感じることが大切です。ただ，自然光である必要はないため，自然光が取りにくい場合は卓上型光治療器（高照度光を照射する治療器）などの専門機器を利用することもできます。
- 睡眠・覚醒リズムを整えるためには，朝早い時間帯に日光浴をすることが大事です。規則正しく，一定の時間に日光浴ができるような工夫をします。

［進め方］
① 朝目覚めたら，寝室のカーテンを開けて，自然光を部屋に取り込みます。

② テレビを観る，好きな音楽を聴くなど利用者の好きな活動を通して，できるだけ起きて過ごす時間を増やしましょう。また，なるべく窓際などに座り，意識して日光を浴びましょう。

★ポイント
- 1日に1～2時間ほど，身体を起こして活動できるように，心がけます。
- 眠気が出てきたら，午後に少し昼寝をしても構いません。ただし，夜眠れなくなる場合もありますので，30分～1時間以内にします。
- 屋外や庭先，ベランダに出て日光を浴びるように心がけます。犬の散歩，植木の水やりなどの習慣をつけて，天気のよい日は積極的に外に出て活動しましょう。

# 34 金魚すくいゲーム

食事の動作につながる作業療法的レクリエーション

　食事場面において，例えば麺やうどんの弾力をはしの先で感じたり，プリンやヨーグルトのなめらかさをスプーンの先端から伝わる感触で感じることができます。道具の先端に人間の感覚受容器は存在しませんが，私たちは道具の先端で接触する対象物を知覚できるのです。

［方法］
　座位で，机を囲んで行います。

●準備するもの
・おたま　・お手玉
・洗面器（桶）
・ダンボール（または，画用紙）
・ビニールシート（青色系）

［主なねらい］
・姿勢の保持や運動の継続を促します。
・上肢の協調的な動きを獲得し，道具の先端からの知覚を経験します。
・手首の動きをなめらかにします。

［配慮すること］
　身体機能に応じて，持ち方を工夫したり，軽量化や長さの調節，握りやすいようにグリップを太くするなどの配慮をします。

［進め方］
① 金魚は，ダンボールや画用紙などに描いて切り取り，お手玉に貼りつけます。そして，机の上にビニールシートをしき，作った金魚を並べます。

② おたまを持ち，開始の合図で金魚をすくい，洗面器に入れます。制限時間内に多くすくった人を勝ちとします。

★ポイント
　すくう道具をおたまからフライ返しや大き目のスプーンなどに変えたり，お手玉の大きさを変えたりすると，難易度が上がります。

★応用
　金魚すくい以外にも，おでんやすき焼きの具の種類を描いてお手玉に貼り，おたまなどですくっても楽しいです。

## 35 レイ（首飾り）送り

入浴の動作につながる作業療法的レクリエーション

　浴槽にゆっくりつかって温まる入浴は，日本の文化として受け継がれてきました。心身をリラックスさせてくれる入浴ですが，その動作は，関連のある複数の動きで構成されています。入浴を楽しむためにも，服の着脱，脱衣場，浴槽，洗い場までの移動，髪や身体を洗うなどの動作を一連の流れとして捉え，身体反応を整えていくことが大切です。

［方法］
　座位で，レイ（首飾り）を隣の人に送ります。

［主なねらい］
　姿勢保持能力や頚部，体幹の運動機能を高めます。

［配慮すること］
・座位保持の可能な人を対象とします。また，骨，関節疾患などの既往歴のある方は，注意が必要です。
・レイを渡すときなど，転倒の危険があるため，スタッフは腰を支えるなどの援助・支援をするとよいです。
・片麻痺や車イスの方など，レイを送ることが難しかったり，手伝いが必要な場合は，機能障害の比較的軽度な利用者やスタッフの間や隣になるようにして，援助をします。

［進め方］
① 長さ80cmの紙テープの両端を貼り合わせて，簡単なレイを1チームに1つ作ります。

② チームごとに1列に並んで座り，各チームの先頭の利用者の首にレイをかけます。合図とともにスタートし，先頭の利用者は自分の首にかかっているレイを，隣の利用者の首にかけます。

③ 順々にレイを送っていきます。途中でレイが切れた場合は，送り手と受け手の2人でセロハンテープを用いてつなぎ，再スタートします。最後の利用者まで，一番早くレイを送ったチームが勝ちとします。

★応用
・円で行ったり，レイの数を増やしたり，制限時間内にたくさん送るなどの方法もあります。
・片手で送ったり，口も使ったり，足と足にするなど，身体の他の部分を使って行います。
・立位保持が可能であれば立って行ったり，利用者の身体能力に合わせて，手を使わずに首や身体全体を使ってレイ送りをすることも，姿勢保持や運動機能を一層高めます。
・レイを大きくしたり，小さくしたり，素材を変えて布製のひもや，折り紙の輪や手ぬぐいをつなぎ合わせたものなどにしても，難易度が変わります。

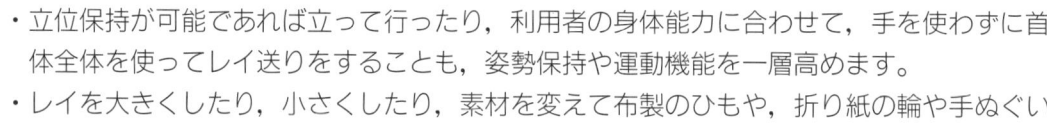

# 36 バケツでキャッチ

排泄の動作につながる作業療法的レクリエーション

トイレ動作の自立で特に重要なのは、ベッドからの起き上がりと座位保持です。そして排泄動作では、排便の際には腹圧を得るための前屈姿勢や、肛門が開きやすくなるまっすぐに座る姿勢が必要です。座位を保持し、力を入れやすくするために、お腹に力をつけましょう。

〔方法〕
　座位で、扇形の隊形になって行います。

●準備するもの
・ビニールボール（または、バレーボール）
・バケツ（ボールが入る大きさのもの）

〔主なねらい〕
・座位で行うことにより、座位の保持やバランスの向上を促します。
・バケツを持ってバランスよくボールをキャッチするときや、投げるときに、自然とお腹に力が入り、前屈姿勢とまっすぐに座る姿勢をスムーズにとることができる力がつきます。

〔配慮すること〕
　ボールを投げる動作と受け取る動作に集中して、転倒する危険があるので、スタッフはすぐに身体を支えられるように気をつけます。

〔進め方〕
① 最初は、ゲーム内容の理解のために、利用者が投げたボールをスタッフがバケツでキャッチして行います。その後、1チーム5～7名のチームに分かれ、各チームから1人代表を選びます。代表になった人は扇形の隊形のまん中（ボールを投げる人から1～3m離れた場所）の椅子に、バケツを持って座ります。

② ボールを順番に、バケツに入るように2回ずつ投げます。バケツを持っている人は、ボールをキャッチできるようにバケツを動かします。ボールがバケツに入った回数を、チームの得点とします。

★ポイント
　ボールの投げ方は、上から投げる、下から投げるなど、利用者の投げる力に合わせて変えます。

★応用
　ボールの大きさ、重さやバケツまでの距離を変えたり、ボールを投げるときに床に一度バウンドさせるなどの変化を持たせたり、ボールをお手玉やビーンズバッグ（20×20cmの布袋の中に大豆、ペレットなどを300g入れたもの）などに変えたりすることで、難易度が変わってきます。

# *おわりに*

　本書は，高齢者に関わる福祉・医療すべての関連職種や様々な療法・活動などの連携を目指した，レクリエーション的生活の実現のための1冊です。

　多くの施設やデイサービスにおいて繰り返されている，生活感やリアリティのない，また子どもだましや時間つぶしのようなレクリエーション活動ではなく，より生活に密着した，生活感あふれるレクリエーション活動を支援していきたいものです。

　時には，イベント的な，またサプライズ的なレクリエーション活動（支援）もよいでしょう。しかし，生活の場である施設や在宅，通常のデイサービスで，日々そのようなレクリエーション活動ばかりでは，生活感が保てないばかりか，飽きてしまったり，疲れてしまったりして，スタッフの独りよがりで繰り返されるレクリエーション活動プログラムを，ただやらされているだけの利用者になってしまいがちではないでしょうか。

　レクリエーションという言葉は誰もが知っています。しかし，レクリエーション，特に福祉レクリエーションというものについては誰も知らないと言っても過言ではないでしょう。

　「福祉レクリエーション」や「レクリエーション活動援助法」について学び，卒業した人たちが，どれだけ施設・在宅・地域で生活感のあるレクリエーション活動プログラムを展開できているでしょうか。できていないとしたら，なぜなのでしょうか。原因や背景を考えれば考えるほど，「福祉レクリエーション」や「レクリエーション活動援助法」は，すべての関連職に必須の科目（プログラム）になるべきではないかと思われるのです。

　レクリエーションに理論があることを知らない人たちがあまりにも多いのが現状です。今一度，この仕事に携わる人たちに少しでも，現場で役に立つ（使いやすい）福祉レクリエーションとはこういうことなんだ，「レクリエーション」と「レクリエーション活動プログラム」との違いはこういうことなんだ，とご理解いただき，利用者はもちろんその家族，スタッフなどすべての人々にとってより心地よい，快適な生活を実現するようなレクリエーション活動プログラムを展開していただけるよう，期待したいと思います。

　最後に，芸術教育研究所の多田千尋さんには，今回も大変お世話になりました。また，編集担当の山田恭代さんには，様々な先生方との連携でかなりご苦労いただき，本当にありがとうございました。そして，福祉レクリエーションワーカーの新井敦子さん，理学療法士の伊藤滋唯さん，音楽表現活動士の石山有香さん，音楽療法士の鈴木好子さん，レクリエーションインストラクターの今井正人さん，作業療法士の長谷川辰男さん，国際園芸セラピー専門学校の高橋明子さん，アロマコーディネーターの寺井紀子さんに，感謝したいと思います。

　ありがとうございました。

2005年3月3日

高橋紀子

| 監　　修 | 芸術教育研究所 |
|---|---|

1953年に設立。芸術文化と遊び文化を通した子どもたちの全面発育と高齢者のアクティビティ支援の研究機関として，美術，音楽，演劇，文学，工芸など，様々な芸術教育の研究及び実践を進めている。近年は「福祉文化」の視点による芸術教育のアプローチを展開し，定期的に芸術教育，幼児教育，おもちゃ関連の講座，高齢者福祉のセミナーも開催しており，受講生は3万人を超える。1995年より「高齢者のアクティビティ活動支援セミナー」を開講し，東北，関東，九州を中心に福祉現場の関係者の支持を受けている。

| 編著者 | 高橋　紀子 |
|---|---|

東京都生まれ。レクリエーション連盟レク学院，淑徳保育生活文化専門学校社会体育科，東京福祉大学社会福祉学部社会福祉学科（国際福祉心理専攻）を卒業し，現在，文京学院大学大学院人間学研究科在学中，ルナ・イ・ソル代表。医療・福祉の研鑽グループライフビジョンネット主宰。白梅学園短期大学非常勤講師，東京文化短期大学非常勤講師，人間総合科学大学非常勤講師。(財)日本レクリエーション協会公認レクリエーションコーディネーター，グループレクリエーションワーカー，認定心理士，社会福祉士。脳リハビリ活性化教室，高齢者筋力向上トレーニング教室などを担当し，精神保健のケースワーカーもつとめている。他に重度障害者のためのムーブメント療法にも携わる。著書に『お年寄りの楽楽レクリエーション』『介護度別高齢者の生活レクリエーション』（以上，黎明書房），『新時代における老年看護学』（日総研，共著）他がある。

東京都豊島区西池袋5-5-21-2507　ルナ・イ・ソル
☎　03(5953)5727　FAX03(5953)5728　http://www.lys.co.jp　E-mail: takahashi@lys.co.jp

| 本文イラスト | 山口裕美子 |
|---|---|
| 企　　画 | 多田千尋（芸術教育研究所所長） |
| 執筆協力 | pp. 10〜19「高齢者と一緒に作る用具を使う生活場面別レクリエーション」 |

　　　新井敦子（福祉レクリエーションワーカー，レクリエーションコーディネーター／ルナ・イ・ソル）
　　pp. 29〜30「町を歩いて楽しむミニミニウォークラリー」
　　　今井正人（レクリエーションインストラクター／ルナ・イ・ソル）
　　pp. 34〜45「園芸療法を取り入れたレクリエーション」
　　　高橋明子（国際園芸セラピー専門学校　教務主任）
　　pp. 46〜55「アロマセラピーを取り入れたレクリエーション」
　　　寺井紀子（JAAアロマコーディネーター／ルナ・イ・ソル／クリア　アイ）
　　pp. 56〜63「音楽表現レクリエーション」
　　　石山有香（音楽療法士，音楽表現活動士，健康心理士，福祉レクリエーションワーカー／ルナ・イ・ソル）
　　　鈴木好子（音楽療法士，コミュニティ・アートリーダー／ルナ・イ・ソル）
　　pp. 64〜72「簡単リハビリを取り入れたレクリエーション」
　　　伊藤滋唯（理学療法士／ライフビジョンネット運営委員長／社会福祉法人さくら会）
　　pp. 73〜77「作業療法を取り入れたレクリエーション」
　　　長谷川辰男（作業療法士／東京YMCA医療福祉専門学校　作業療法学科専任講師）

お問い合わせは……
芸術教育研究所
　　〒165-0026　東京都中野区新井2-12-10　☎　03(3387)5461

AptyCare 福祉文化シリーズ②
高齢者のための生活場面別レクリエーション

2005年7月1日　初版発行
2011年5月15日　3刷発行

| 監　修 | 芸術教育研究所 |
|---|---|
| 編著者 | 高橋　紀子 |
| 発行者 | 武馬　久仁裕 |
| 印　刷 | 株式会社　太洋社 |
| 製　本 | 株式会社　太洋社 |

発　行　所　　株式会社　黎明書房

〒460-0002　名古屋市中区丸の内3-6-27 EBSビル　☎052-962-3045
　　　　　　FAX 052-951-9065　振替・00880-1-59001
〒101-0051　東京連絡所・千代田区神田神保町1-32-2
　　　　　　南部ビル302号　☎03-3268-3470

落丁本・乱丁本はお取替します　　ISBN978-4-654-05642-2
© ART EDUCATION INSTITUTE 2005, Printed in Japan

| | |
|---|---|
| AptyCare 福祉文化シリーズ①<br>**介護度別<br>高齢者の生活レクリエーション**<br>　　　　　　　　B5判・84頁　2000円 | 芸術教育研究所監修　高橋紀子著<br>食事，入浴，トイレ等の日常生活の動作を意識したレクや，お花見，お誕生会，クリスマス会等の行事を楽しむレクの実際を，イラストを交え紹介。対応の目安となる介護度・痴呆の症状を明記。 |
| 福祉実技シリーズ①<br>**お年寄りの楽楽レクリエーション**<br>　　　　　　　　B5判・111頁　2000円 | 芸術教育研究所監修　高橋紀子著<br>お年寄りや障害のある人たちと楽しく交流するための心構えやプログラム，レクをイラストで紹介。レクのチェックリストや，場面別に個人能力にあったレクが選べる一覧表付き。 |
| 福祉実技シリーズ②<br>**お年寄りの楽楽あそび・年中行事**<br>　　　　　　　　B5判・128頁　2000円 | 芸術教育研究所監修　島田治子著<br>お年寄りが楽しめる，年中行事を中心とした季節感のある遊びと，日常生活の中で継続的に楽しめる遊びを，入門編から発展編までイラストを交え紹介。コピーしてすぐに使える遊び計画表付き。 |
| 福祉実技シリーズ④<br>**お年寄りの楽楽壁面かざり**<br>　　　　　　　　B5判・88頁(カラー40頁)　2200円 | 芸術教育研究所監修　小松節子・蒲生美子著<br>お年寄りと一緒に作れ，高齢者施設の風景に季節の彩りを添える壁面かざりの作り方と，上手な飾り方のアイデアを，カラー写真とイラストを交えていねいに紹介。3月　梅にウグイス／クリスマス／他 |
| 福祉実技シリーズ⑥<br>**お年寄りの楽楽手工芸**<br>　　　　　　　　B5判・88頁(カラー32頁)　2200円 | 芸術教育研究所監修　蒲生美子・小松節子著<br>お年寄りの趣味や特技を生かして一緒に作れる，のし袋，マフラー，絵てがみ，壁飾り，トレイ，リースなどの作品の作り方を，カラー写真とイラストを交えていねいに紹介。 |
| **遊びが育てる世代間交流**<br>――子どもとお年寄りをつなぐ――<br>　　　　　　　　A5判・181頁　1700円 | 芸術教育研究所所長　多田千尋著<br>子どもとお年寄りが共に充実した毎日を過ごすための世代間交流のあり方を提案。世代間交流の形をデザインする／お年寄りの「遊び力」を引き出す／少子高齢社会の新おもちゃ論／他 |
| イラスト版 アクティビティ ディレクター入門①<br>**高齢者と　　[レク・生活の場面編]<br>楽楽コミュニケーション**<br>　　　　　　　　B5判・64頁　2000円 | 高齢者アクティビティ開発センター監修<br>高橋紀子著<br>上手にコミュニケーションを取りながら，生活場面に応じたプログラムやレクを楽しくスムーズに進めるノウハウと個別支援の方法を紹介。 |
| イラスト版 アクティビティ ディレクター入門②<br>**高齢者と　　[手工芸の場面編]<br>楽楽コミュニケーション**<br>　　　　　　　　B5判・64頁　2000円 | 高齢者アクティビティ開発センター監修<br>片桐由喜子著<br>一人ひとりの好みや症状にそった手工芸活動を提供し，楽しい時間を過ごしていただくためのポイントを紹介。身近な手工芸の素材の活用法を収録。 |
| イラスト版 アクティビティ ディレクター入門③<br>**高齢者の寄りそい介護<br>考え方・進め方**<br>　　　　　　　　B5判・64頁　2000円 | 高齢者アクティビティ開発センター監修<br>綿　祐二編著<br>「よりおいしく食事をするには？」「より心地よく着替えるには？」など，高齢者一人ひとりのニーズに配慮した「寄りそい介護」の考え方・進め方を紹介。 |

表示価格は本体価格です。別途消費税がかかります。